La diagonale du fourbe

Pierre-Marie Eudes

La diagonale du fourbe

France-Libris

Diagonale : d'un angle à l'autre

Fourbe, de fourbir : nettoyer

Petit Robert, 2011

La Mort

« Vivre c'est s'obstiner à achever un souvenir. »

René Char

La Mort

Chapitre I

Depuis toujours, j'avais habité la vie... C'était très facile. Puis, aujourd'hui, veille du 1er mai, on m'a appris que j'allais partir définitivement. Quitter la vie ? Il s'agissait bien de ça ! Pour aller habiter ailleurs... Bientôt !... On ne savait pas où et quand. Mais ce serait bientôt !...

J'avais en horreur tous changements, tous déménagements. J'avais retenu ce message commun selon lequel chaque bouleversement est une nouvelle névrose. C'est dire, que cette soudaine annonce, allait probablement me contrarier et lentement mais sûrement me rendre désagréable.

Ranger, faire les caisses, régler ses comptes, clore ses débits, téléphoner aux administrations, prévenir les amis proches, tout ça, était en apparence au-dessus de mes forces. Je crois que j'aurais préféré rester !... On a ses petites et grandes habitudes. Et, avec l'âge.... on n'en change pas facilement.

Et puis, depuis toujours, je n'avais connu que ça, la vie… On me destinait brutalement à un lieu dont j'ignorais tout. Je n'y connaissais, à première vue, personne. J'allais débarquer comme un horsain. Je n'en connaissais ni les mœurs, ni la culture. Pas ça. Que dalle ! L'ignare complet. À quoi pourrait bien me servir, dans ces nouvelles relations, mon entrain, mes sourires, mes facilités à sympathiser, mon absence de timidité et ma joie de vivre !...

Non, vraiment, rien ne m'y serait familier. On pouvait même redouter un accueil hostile. En quoi leur serais-je utile ?... Je n'avais reçu, sur ce sujet, aucune réelle formation, même de base. Fâcheux !

Non, vraiment, en fouillant dans ma mémoire, je ne repérais aucune connaissance fréquentable qui m'aurait rendu la chose « vivable » moyennant quelques petits arrangements d'au-delà…

Non, vraiment, j'avais beau questionner autour de moi je n'obtenais pas un début de filière préparatrice. Certains évoquaient la méthode Assimil, le « Que Sais-je » ou quoi d'autre encore ?... La majorité m'orientait vers internet ! Je n'avais pas internet et je m'en passais. Ça m'énervait !... J'allais calancher sans être achalandé pour ça…

Non, vraiment, à part le livre de cet auteur au nom russe, Jankélévitch intitulé « La Mort » que je confondais avec un autre, de lui, intitulé « L'Ironie », je n'avais aucune expérience récente plus éducative. Et, je me satisfaisais parfaitement d'avoir en tête le joyeux mélange de « La Mort » et de « l'Ironie ».

Non, vraiment, je ne pouvais attendre aucune aide de quiconque dont, certainement pas tous ces gens tranquilles qui, à chaque fois qu'ils parlaient d'un mort, ajoutaient, sans malice : « c'est la vie ! ». Jusque là j'avais été assez lâche pour ne pas leur éclater de rire sous le nez. Maintenant je serais assez mûr pour me lancer. Allez ! Non, vraiment ce n'était surtout pas de ceux-là que je tiendrais mon maigre savoir tellement le leur était faible sur le mort du moment. Quand ce n'était pas le fourre-tout de la « longue et pénible maladie » certains, parfois, vous donnaient quelques détails, naturellement navrants, comme ces flèches naïves dans des cœurs griffonnés : « Il s'est tué sur le coup !... » « Elle était dans sa cuisine et boum !... » « En plein après-midi il s'est affalé sur son bureau … » « Le cœur a lâché !... » On vous disait ça comme s'il s'agissait du siège de l'âme. On n'attaque jamais un cardiologue pour faute professionnelle ayant entraîné l'assomption de cette partie noble qui à la fin fait sécession du reste du corps substantiel avec une façon, dans ces cas, plus violente que pacifique.

Non vraiment, quel culot, leurs réflexions audacieuses : « Finalement c'est une belle mort… » ou plus grosse encore : « c'est surtout pour ceux qui restent… » Qu'attendre d'eux, capables de s'intéresser aux autres quand le mort est là, tout chaud ? C'est lui, le mort du jour, le héros, la vedette. Pour une fois c'est aujourd'hui sa fête. Sa fête, et eux, ils ont derrière la tête de la lui voler, sa fête. Pour eux c'est un peu leur vie et pourquoi pas leur mort… Par une étrange procuration il faudrait que le mort offre sa mort aux futurs morts. C'est ça : il leur jetterait sa mort comme on jette un sort.

Non, vraiment, sa mort c'est vraiment sa mort à lui tout

seul, rien qu'à lui et à personne d'autre. Une vie peut être à d'autres mais une mort, je pensais que c'était aussi personnel qu'un peigne. Question d'hygiène de la tête. Surtout quand on meurt sur un coup de tête….Eux, veulent tout partager. Tout ce qu'il y a de plus haut est abaissé jusqu'à devenir collectif et légèrement décadent. Tout ce qu'il y a de plus vil est rehaussé – souvent par un prélat mais pas nécessairement – pour devenir un bonheur émerveillé : la rédemption possible pour certains. Un jour ils en auront le cœur net. Mais pour l'instant difficile de compter sur eux qui comptent sur un rédempteur dont on ne sait pas grand-chose.

Non, vraiment, les voilà avec tous ces attouchements, ces embrassades, tellement heureux de se revoir qu'on peut dire de beaucoup de morts qu'ils auront fait « plus » le jour le leurs funérailles pour leurs semblables en matière d'altérité que durant toute leur vie bien accomplie. Rien de tel pour réunir tout son monde qu'une inhumation. Quoique… Il y a toujours des défections justifiées, inévitables, même avec le meilleur des morts possible. Décède pour voir ! tu constateras que tout n'est pas si simple pour les invitations et tout le tremblement : c'est plutôt sourires et chuchotements, ou comment vont les enfants ?... Beaucoup de gravité mais risque de manquer de tristesse. Un comble…

Non, vraiment rien à comprendre. Parfois ils ne sont même pas là : parce que « c'était loin pour venir… » D'autres sont déjà au ciel disent-ils et, là, c'est beaucoup plus loin, beaucoup plus haut. Alors, les sujets de discussion prennent de la hauteur. C'est un sujet de circonstances avec pompes. On parle des autres morts quand on accompagne un nouveau mort.

Encore une façon de plus de lui dérober sa mort au profit de morts déjà bien installés : « Ça va faire déjà dix ans… Vous vous rendez compte ?... » Même eux, apparemment habitués aux morts, ne se rendent pas compte, alors moi ?...

Non, vraiment, pas de quoi être fier. Je n'avais jamais voulu, ou aimé apprendre. J'étais donc d'une ignorance crasse et sans volonté de m'en sortir. « Qu'est-ce que tu feras dans la vie, si tu es tellement rétif à toute étude ?... » On me l'avait souvent dit. Personne n'oserait me dire : « Que feras-tu de ta mort, si tu n'apprends pas les rudiments ? » Ça, j'en étais à peu près certain.

Non, vraiment, je pensais totalement inutile de compter sur qui que ce soit. Tout le monde serait étranger à mon problème. Oui, c'est cela, c'était mon problème. Le mieux serait que je n'en parle à personne. Même les mieux intentionnés ne me sortiraient que des banalités. Et, en plus, il me faudrait les remercier, prendre une mine compassée. Tout ce que je détestais. Pas ça…

Non, vraiment, la seule idée de croiser un bon regard à qui je l'annoncerais, me paraissait invivable… et vain. Même, et y compris, à mes proches : femme, enfants, amis, famille. Il était impérieux de leur cacher… Ainsi je les verrais inchangés, comme ils sont, comme ils font, comme je les aime, sans interruption jusqu'au départ. En douce. Pffitt…

Non, vraiment, ne pas en parler, ou alors peut-être – bonne idée – à « *l'inculcante* ». Bien sûr à ma mère ! Ah ! oui vraiment excellente idée. Je n'y voyais que des avantages : satisfaire son goût d'hypocondriaque pour les autres ; m'entendre dire que j'allais lui donner du souci… qu'avec déjà toute cette fatigue à supporter… elle saurait trouver la force… elle ferait l'admiration de tous et de toutes… femme courageuse… tout le bazar habituel. Vérifier si je pouvais l'affoler ou si, au contraire, elle replongerait dans son indifférence. Une seule solution, mettre le paquet, exemple, un essai pour voir. Allez !

— « Maman, c'est moi, oui, moi. »

Évidemment il faudra, cette fois, embrayer tout de suite sans lui laisser le temps de débiter son immuable laïus sur ses misères multiples. Poursuivre :

— « Voilà, je sors de quelques examens, j'ai le diagnostic : la rate, oui, la rate, cancer de la rate, j'en ai pour trois mois, même pas. Non, je dis trois mois, mais non, deux, selon ce que les médecins disent… c'est leur pronostic… De toute façon, je m'en doutais… On ne fait pas plus rapide… D'ailleurs c'est mieux ainsi ! Il ne faut pas que ça traîne… On n'opère pas ça. Les coronaires, on peut dilater…. La rate ça ne se dilate pas !... J'ai refusé tout traitement… Pas de cliniques, pas d'hospitalisation… Je ne veux rien coûter… Un coût social énorme, exorbitant, pour gagner, quoi, quinze jours ?... À deux mille euros par jour, je fais faire trente mille euros d'économie à la Sécu… En plus, écoute-moi bien… je compte m'abréger… Deux mois c'est trop… Allô… Oui, je dis deux mois c'est trop… Je n'en ai pas envie, comme toi, de traîner mon inexistence tel un bien précieux… Ne servir à rien… Mais vouloir durer… Durer pour gémir comme toi, pour se plaindre comme toi depuis combien…Presque quarante ans à finir… c'est bien trop long… Allô… oui je dis c'est bien trop long… tu devrais être partie… Tu n'intéresses personne à part toi… Depuis toujours c'est toi, ton grand sujet… Ton unique sujet… Toi, toi… »

Où allais-je trouver le ressort de tant de méchanceté filiale ? Surtout ne pas fléchir, ne s'arrêter à aucun prix, occuper la ligne, ne laisser aucun espace où elle pourrait se glisser… Dire tout et n'importe quoi, tout ce qui vient :

— Tiens mon frère m'a dit que tu avais des nièces, dont une qui passe te voir… J'ignorais l'existence de cette « cousine »… Tu as passé ta vie à tout cacher… Il paraît que tu aurais une sœur… Etait-elle morte ou, comme toi, dans un petit ralenti hors de prix … Alors, comme ça, il y a des membres de ta famille qui ne seraient ni présentables, ni fréquentables par tes propres enfants. Ton temps est un assassin, mais un assassin plutôt capricieux… Il choisit son heure et ses victimes… Parce qu'on n'expose pas tout à l'orgueil de notre famille, c'est ça !... Difficile de comprendre puisque, de l'âge de papa, il n'y a plus de survivant, exceptée Tante Monique, elle aussi, dans une maison… Une turpitude à toi de plus, oui tu fais des distinctions entre tes enfants… Ceux qui peuvent savoir et les autres… Tu n'as jamais su que diviser… As-tu régné ?... Qui aura vraiment dépendu de toi… Si ce n'est peut-être ceux que tu as humiliés… Ceux-là t'étaient nécessairement proches… C'est dans l'intimité et, chaque jour, qu'on insinue cette dose de poison qui furtivement ronge et corrompt… Il faut cette attention constante qui veille et qui surveille pour que le breuvage fasse sa fatale besogne… Bien sûr qu'il t'aura fallu du courage et une forme de vaillance pour ne jamais oublier d'administrer les doses aux « mal placés » en butte à ta dérision…

Agressive et biliaire, mais pas un jour sur deux… tout le temps avec une héroïque permanence… Il t'avait donné trois enfants… Qu'as-tu fait de lui ? Qu'as-tu fait de ta fille dont la tête s'épuise dans un vain combat… Tu ne sais pas que le remords l'a atteinte, elle, et son malheureux cerveau qui n'en peut plus… Elle sait, elle, que ton grand tort c'est d'avoir usé son père… Elle s'afflige d'avoir été possédée par cette alliance dans laquelle tu l'as entraînée… Tu le sais car, c'est de tout ça, que devait être sa dernière et funeste lettre… Tu ne lui as jamais répondu sachant que l'indifférence serait plus cruelle que la haine… Tu l'as caché dans ton sein ce commentaire sec, ces deux mots pitoyables et tellement régressifs… Ah, tu ne penses pas que je les connais… Une indiscrétion me les a appris : « incroyable insolence »… Comment faire plus sinistre mère… Penses-tu pouvoir survivre ou mérites-tu de rester dans ta pénitence ?... As-tu jamais été préparée à une lueur de contrition ?...

Ta solitude indolente aux autres pourrait-elle enfin, te servir de sépulture ?... Tu as l'altérité barbare, celle qui donne davantage de rejet que de compréhension ! »

Ne pas lâcher. Garder la longueur. L'inonder sous le flot continu, ne tolérer aucun murmure, ne supporter aucune exclamation. Le moindre son lâché et c'était prendre le risque qu'elle parte, à son tour, dans ses tumultueux soliloques. Mais, là, en lieu et place, s'il n'y avait plus qu'un effroyable silence ?... Pas de quoi s'inquiéter. Ne pas tomber dans le panneau apitoyé d'un début d'alerte… Continuer ! Continuer sans se justifier, sans culpabiliser…

— « Vas-tu enfin te soumettre à l'évidence… Regarder tes

errances sur tes proches… Cette urticaire géante qui envenime ceux que tu touches… Auras-tu conscience de la toxicité de ton venin sur ceux qui t'approchent… Tu ne les attires que pour mieux les contaminer… Tu ne les épouses que pour mieux les asphyxier… Tu ne mords pas, tu ne griffes pas, non, tu sécrètes… Ton humeur pernicieuse suffit à altérer leurs capacités à résister… Tu n'as qu'une façon de jouer : délivrer tes acides par frottements… Exploiter le temps plutôt que des doses excessives… Corroder petit à petit sans urgence, sans précipitation, sans arrogance… Une froide et tranquille résolution qui prend sa source loin derrière tout… Au commencement était la force de ton effluve caustique… D'où peuvent bien te venir ces humeurs naturelles cristallisées qui, en tant d'années, se sont transformées en autant de blessures dans ton cycle de violence sur eux ?... »

On en est là. Il n'est pas question de pause. L'exemple semble fonctionner à merveille. Jusque là aucun attendrissement de ma part. Surtout ne pas s'interroger ou aller douter de la salubrité d'un tel assaut. Tout déverser, l'engloutir sous une marée. Poursuivre le réquisitoire sans même imaginer qu'il ait une fin. Il n'y a qu'un seul registre : l'avalanche. Balancer tout, comme on benne un plein chargement indistinctement. L'ensevelir de son vivant. Bien savoir que le pire risque serait qu'elle puisse prendre la parole… Parfait, c'est comme ça qu'il faut faire ! c'est ce que je ferai. Je m'en sens capable. J'ai la hargne. Le volume des reproches accumulés est inépuisable. Il suffit de piocher. Le débit donnera sa propre dynamique au déballage. Tout ça se fera assez naturellement. Rien à craindre. Cette répétition a montré que j'étais fin prêt pour un tel coup de téléphone : en un, l'annonce de ma mort imminente, en deux, le combat dans une malveillance sans frein…

Dérouler tranquillement avec méthode « Le Plan Ma Mère ». Ah, final éblouissant. Qu'elle encaisse enfin la litanie de mes griefs. Soixante ans de retenue, soixante ans d'une paix armée sans déclaration de guerre, soixante ans de malédictions mais sans un cri pour la maudire, soixante ans avec le droit de se redresser, nier tous ses droits sur moi, soixante ans pour lâcher les anathèmes et même les blasphèmes, soixante ans pour débusquer ses duperies, les clamer sans redouter une absence de pardon, soixante ans pour tout faire payer et cher, ce que l'argent ne peut racheter, soixante ans pour enfin se lever et égrener ses torts sans lui laisser le droit de rétorquer, de se justifier pour peu qu'elle soit encore tentée de le faire avec sa rhétorique de là-bas, soixante ans et, ne lui concéder aucun droit sinon le droit injuste qu'elle ne recoure plus jamais à sa mauvaise foi, soixante ans pour que, poussée en l'air de telle façon, elle ne retombe pas comme à l'accoutumée sur ses pieds, soixante ans pour dégonfler son moi, soixante ans pour briser les chaînes du nœud démoniaque, soixante ans pour que la tentative d'assassinat verbal soit couronnée de succès, du seul succès souhaitable : sa mort au téléphone, en direct. « Live ! »

Atteint comme je le suis, quel mauvais réflexe de prudence pourrait me faire craindre que son exécrable vie ne me contamine dans la mort. Seul le peuple Dogon du Mali a, un jour, imaginé que la mort serait devenue « contagieuse ». Personne ne savait ni quand, ni comment, ni à quelle époque on avait pu commencer à y croire, sauf à croire précisément, qu'avant, elle ne l'était pas.

Je me sentais purement Dogon. J'allais la contaminer cette quasi-aveugle réputée intuable. Soixante ans et ma rate pourrie, et ma bile cancéreuse allaient enfin la chasser de sa chrétienté, soixante ans et, de ma voix de mortel et de ma langue de sorcier, j'allais la faire trépasser tel un triste rebut, une lamentable érinnye furieuse. Soixante ans pour une dernière effusion… Elle-même nous disait qu'à chaque fois qu'elle devait regarder le soleil en face, elle perdait soit un dixième de vue, soit une année de vie. Savoureuse allégation : elle était devenue aveugle. Alors, pourquoi ne pas accélérer le compteur des années chèrement perdues, à coup de soleil dans les yeux… Soixante ans et pouvoir lui passer la burka fatidique ou, plus obscur encore, tirer le rideau de la scène sans espoir de rappel. Un départ triomphal sans la moindre ovation. Un petit clic pour qu'enfin elle claque, avec toutes les apparences d'une cause naturelle…

Ça n'était que la dernière répétition : la générale. Je connaissais mon texte. Je possédais mon rôle de fils, sorcier dogon, pourri de la rate, sur le bout des doigts. Je ne pouvais ni me rater, ni la rater. Aucun problème et surtout aucun scrupule…

Une question persistait. Devrais-je lui annoncer mon idée de me supprimer au début du coup de fil ou la garder précieusement, soit pour relancer en cas de panne, soit comme coup de massue final pour éteindre un soupir ?

Un soupir ?... Quelle illusion. Elle se contre-ficherait, sans doute, de mon état, arqueboutée sur le sien… Alors, que je parte, volontairement ou non, serait le cadet de ses soucis dans la masse de son fardeau. Non, finalement, autant le placer au début. D'ailleurs mon argumentaire sur l'éloge du suicide ne pourrait que passer au-dessus de son niveau de compréhension.

Aucune certitude dans la vie, sauf une : celle de la mort. Justement, vaincre le côté inéluctable de celle-ci en choisissant son jour, sa date… Très fort, très philosophique mais totalement inopérant. Reprends-toi mon petit !... C'est avec ce genre de digression que l'on rate son objectif. Un seul sujet à la fois : « Elle ». Faire son procès à elle, celui de l'égocentrisme forcené.

Lui parler de moi serait précisément faire son jeu et ne pas l'intéresser. Alors, que son « moi » à elle, même écharpé grave, sera au taux d'écoute maximum ! Ma belle haine fraîche pleine d'un jeune enthousiasme, bien qu'innocente et sans réelle expérience de l'assassinat verbal, saura la confondre. Cette haine nouvelle ne peut qu'être efficace puisque je la lui dois. C'est la sienne, transmise !

Je me surpris à boire au lit. La bouteille de ce gentil Cointreau était vide. J'avais pris mon anxiolytique. Demain j'en prendrais davantage, mais surtout, ma grande et belle pharmacienne m'avait cédé une boîte de Nivaquine contre un gros mensonge. Elle ne semblait pas savoir que cet antipaludique détenait, en Europe, le record de suicides réussis. Mais avant que demain ne vienne, ne prend pas de repos. Impose à ta nuit l'heure des bilans. Ingénie-toi, dans l'obscurité propice, à revisiter ta vie avec elle, surtout avec elle ! Ressasse sans vergogne, avec méthode, les heures marquantes jusqu'à extraire leurs mauvaises essences. Sois sourcilleux, fais et refais ta petite comptabilité : des brimades exigeantes, des coups tordus, des petits jeux pervers, des chantages menaçants… de tout ! Débarrasse-toi de ton full-over, largue tes vieux effets !

Reconstruis une à une les pages manquantes de ses phobies contenues, des ses monstrueux secrets, et de ses bassesses colossales, s'il le faut.

Tu prends une nouvelle bouteille de Cointreau. Ah ! fini le temps de l'épargne, vient celui de l'expertise à charge. N'en oublie pas, ne saute aucune ligne. De la première à la dernière, vas-y, collige tout, ne corrige rien de ton analepse. Fais un *flash-back* géant !

Tourne et retourne le livre de compte débarrassé de sa colonne de crédits. Mets chaque action, chaque mot, chaque geste de ses vies funestes en pertes sèches. Ta mère, combien de longs déchirements. Ta mère, combien de litres de poison. Ta mère, combien de nuits de rancœur, combien de jours de rancune. Ta mère combien ?... ta mère comment ?... Mets tout ce qui vient, abusivement même, en passif ! Passe ta nuit à compiler le mémorable, à scruter scrupuleusement, dans chaque fait, l'épouvantable. Comment le dire autrement ? Ne fais pas de détails. Bourre ! Persuade-toi qu'aucune séduction n'est jamais indispensable, pas plus celle d'une mère !... Rentre dans le silence du bourreau qui se tait mais agit. N'aie pas peur de cette saine capacité à comprendre l'absurde qu'une conclusion peut être « préliminaire » quand il faut anéantir les entrailles vibrantes dont on vient. La lanterne de l'expérience d'une vie se porte nécessairement dans le dos quand on tente d'éclairer le chemin parcouru. C'est mieux, si l'on tient à s'exonérer de tout avenir ; si rieur serait-il…

Tu es devenu tellement méchant sous ton plumage anodin que je te verrais bien transformé, dans une autre vie, en rouge-gorge… Tu sais ce petit oiseau vindicatif, cette boule sur ressorts toujours plus ou moins en colère après on ne sait qui… ou quoi.

À l'heure de ta mort, je regarde ; mais tu n'es plus un spectacle… Petites causes, grands effets : la misogynie que t'a inspirée ta mère ne t'a pas rendu « misogénial » parce que tu es resté sur ce principe attardé qu'une femme qui réfléchit est une femme dont on se méfie.

On n'honore jamais les gens qui sont tristes… mais toi, ingrat, tu penses qu'on oublie encore plus facilement ceux qui vous on fait du bien. Tu voudrais mettre en scène ta propre vie. Tu penses qu'après tes paroles, les silences sont encore de toi. En fait, tu n'as jamais su décider de quel côté tu voulais beurrer tes tartines… Tu penses qu'après tes écrits tu resteras la référence des plumitifs de tout le Bled… En fait de te sauver, tu te seras perdu parce que tu nages dans l'illusion de ton esprit. Un peu comme Cambronne qui, ayant épousé une Anglaise, croyait avoir accès à l'humour. En fait de bons « mots », on ne lui en connaît qu'un gros. Énorme et célèbre. Alors qu'on peut en faire de si délicieux d'un simple geste…

Mais depuis, tranquillement toutes nos plus banales sensations ont été captées par la science pour, en fin de course, nous faire comprendre que la nature n'est pas lisse mais affreusement rugueuse, partout, dans tous les recoins de nos désirs.

La Mort

Chapitre II

Avant que tu me parles de toi, il faut que je te parle de toi. Laisse-moi un peu d'espace avant de nous assommer avec toi et ton enfance. Je sens que ton afflux de souvenirs libéré va s'étendre dans une impudeur proche de l'incontinence comme une sainte diurèse « verbeuse » de l'Enfant-Jésus.

Penses-tu un instant que tu peux m'intéresser ou intéresser qui que ce soit avec des histoires de ton histoire à toi… Là aussi c'est ton problème, pas le mien, pas le nôtre. Cette tentative de trouver des excuses à sa vie comme à sa mort dans les meurtrissures du jeune âge ne vaut pas tripette pour distraire un lecteur. C'est affreusement banal. Confondant de platitude. Certains passent leur temps à écrire leur biographie de leur vivant !

Non, là, il faut que je t'ausculte, que je t'analyse qu'on se livre à une espèce de bilan, un check-up ou tout simplement que je te sorte de ton harnachement de façade, de ton caparaçon d'opérette.

D'abord, première observation, tu as la dent dure. Tu n'épargnes personne. Tu sais que des dents au cœur la relation pathologique est établie. Eh ! bien, tu l'as dur, aussi, le cœur… As-tu jamais pensé, derrière ton personnage de « gentleman maniaque », à ouvrir ton cœur à ton prochain, à ouvrir une chambre d'autres, un gîte d'étape pour des potes, enfin cesser de vivre en basque clos. Donner, même un peu, à ton *alter ego*…

Tu nous parles de la mort mais qu'y connais-tu… On ne touche pas impunément à la mort… Danse encore au fond de toi une certaine réticence à l'abolition de la peine de mort… Enfin sois de ton temps ! Un peu d'altruisme de bon aloi n'aurait nui en rien à tes projets de meurtre, hier, comme à tes projets, demain…

Tu n'es ni malade, ni déséquilibré. Tu es en bonne santé mentale. Il le faut pour devenir une espèce de Mad-man sans état d'âme capable de dégainer avec un sang glacé, sous le seul contrôle astreignant d'une mission à remplir. Aucune émotion susceptible de troubler l'exécution. Un contrat est un contrat ! Il est nécessaire de tuer sans goût ni répulsion dans la seule perspective du chèque promis. À chaque tir son trophée sans gloriole, ni remords. Persuade-toi que tu ne commets pas un crime mais tout un tableau de chasse. Pas seulement une personne mais dix, cent peut-être… Chaque coup porté doit faire mouche et atteindre mortellement, tous ses souvenirs et les tiens pris un par un, des plus éculés au plus récents.

Il te faut prendre du recul. Maintenant que tu es devenu un passager vers l'inconnu. Peux-tu me dire ce que tu as à perdre ? Le temps n'est plus aux sentiments généreux. Chasse ces délassantes et sensibles préoccupations d'autrefois. Ton prochain déménagement va bousculer tes anciens pénates et surtout t'éviter de les emporter, eux, comme tes tranquilles convictions trop établies, avec toi, là-bas.

Mais rassure-toi, ta naturelle impatience aura raison de tes habitudes chéries et de leurs sacro-saints privilèges sauce bourgeoise… Tu n'es pas le pelé, le galeux dont viendra tout le mal. Profite de cette énergie particulière que te procure ton état de mutant glorieux.

Cette existence, en cessant d'être immobile, vient de faire tout dérailler. Désormais tu oscilles entre deux mondes et c'est là ta nouvelle force. Il y a du conquérant dans cette volonté de mourir au printemps. Les morts du printemps sont le meilleur cru de l'année et ceux du premier mai les plus spectaculairement dérangeants. Ils gâchent le jour férié par excellence : même les Pompes Funèbres sont fermées ! Gros finauds, s'abstenir de finir ce jour-là, respecter un minimum cet acquis social !

Alors ne change rien. Persiste sur la date. Sous ton air de simplicité tu as tout deviné. Tu vas, toi le fainéant, profiter de la fête du travail, pour faire ton devoir le plus futé. Ne tremble pas, c'est demain ou jamais. L'absence de certitude dans ton cœur peut trahir tes sens : la lumière est une illusion, le bruit est une illusion, le vent est une illusion. Le vent, c'est même la pire des illusions. Méfie-toi ! Le vent, on ne le voit pas, on ne peut pas le voir alors que c'est une des plus grandes forces de la nature.

Pourtant il existe, il souffle, il gémit, il renverse, il déracine, il abat, il détruit, il tue, lui aussi. Inspire-toi de lui. On ne le voit pas, il n'a aucune matérialité visible, sinon ses « dégâts » sur cette terre. Que sommes-nous sur Terre, nous les hommes, ta mère ou toi ?... Nous ne sommes rien ! Et la Terre n'est pas grand-chose dans l'univers : un grain de boue qui tourne délayé dans une goutte d'eau. « Nous sommes rien sur pas grand-chose ». Pas même cette goutte d'eau qui fera déborder la vase…

Que vas-tu faire, demain, sinon pousser à peine un peu plus loin deux faibles existences dans une, à peine plus grande, inexistence…

Quoi de plus excitant que de partir un premier mai pendant que les sots groupés fêtent le travail. Envisager pour elle et toi un avenir délicieusement et définitivement chômé. Avec les beaux jours, fêter le dernier jour !... En attendant travaille… Travaille ta mémoire. C'est un utile devoir. « Recense l'essentiel ». Instruis le procès qui nourrira ton verdict, déjà posé. Même si tu ne reconnais, dans tant de méchanceté, rien de toi, condamne !...

Ne crains pas la fin de ton cœur l'année-même de la découverte, par une équipe d'ingénieurs et de cardiologues regroupant leurs curiosités rusées à Atlanta, sur la manière générale de récupérer avec des nano-fils d'oxyde de zinc l'énergie produite par les battements du cœur… Il s'en passera des choses après toi. La médecine et la biologie vont continuer leur conquête du corps. Tout finira par être implantable à l'intérieur. Le téléphone sera véritablement mains-libres : un implant ! Un tétraplégique a déjà expérimenté la commande directe d'un ordinateur par sa seule pensée connectée. Ça marchera. Tu ne seras pas là. Et alors ?... Tu n'aurais rien compris. Tu es d'un autre temps. Laisse-les faire. Toi tu en étais encore à te régaler de petits calculs inutiles du genre : combien faut-il manger de bouchées « Mon Chéri » pour dépasser le taux d'alcool dans le sang autorisé par la Sécurité Routière… C'est dire !

T'inquiète, l'intelligence artificielle n'a aucune réelle chance face à la stupidité, tellement plus naturelle !...

Pas grave… Ceux qui te survivront sont d'adeptes incorrigibles du progrès doublés de gros malins qui financent leur train de vie par le déficit. Leur dette sera orbitale ; un autre au-delà sympa !

Avant de t'envoyer dans ton lointain Ushuaïa, plus classique, réjouis-toi de cette pensée, du très ancien Aristote, qui a bien vécu, mais beaucoup réfléchi : « Le bonheur, c'est une vie accomplie »… c'est donc la mort. Tu piges ?...

Reste sur ce programme. C'est ton plus beau projet. Tu as le mérite de la paternité de l'idée. Bravo ! Ne pas se disperser… Seul impératif : être concentré sur son rôle même dans le départ ! Les bons acteurs jouent de dos… On peut rater sa vie, on n'a pas le droit de rater sa mort et sa sortie.

C'est un combat à huis-clos. Ton meilleur allié c'est ton corps. Ce cancer de la rate de découverte opportune va servir tes plans. Une affection d'une telle fulgurance est ta chance. Et, la chance fait partie du talent…Plutôt que vivre ces deux mois d'un lambeau de vie misérable avec pour seul espoir quinze jours ou trois semaines de bonus, tu as bien raison de vouloir en finir tout de suite. Excellente occasion pour entraîner *« l'inculcante »* dans ta chute. Tout milite pour hâter sa fin…

Impulsion magistrale : perdre ta vie pour perdre celle de ta mère… Il y aurait comme de l'héroïsme si tu devais émettre un jugement sur tes propres actes. Ne passe pas à côté d'une pareille occasion…

En attendant il te faut rentrer dans ton nouveau rôle. Avant d'allumer une chandelle pour visiter un monde inconnu, contente-toi de réviser ton passé d'adulte. Autre chemin et nécessaire besogne quand on sait qu'il vaut mieux en cette circonstance « prévenir que venir ».

On ne va pas expirer sans s'extraire du pire, on ne va pas s'expurger sans s'administrer une belle purge… Depuis tes premières lectures, celles qui étaient de bon ton, tu t'étais juré de suivre l'exemple du bon docteur Rabelais : sa truculence comme son cynisme et, au total, sa grande sagesse contre l'ordalie ou autre divine querelle.

Autrement dit : très naturellement quand on part, on fait ses bagages quelle que soit la taille du voyage… On peut également emmener avec soi un nécessaire à écrire car là-bas, à défaut de cartes postales de bon goût avec une bonne dose d'humour noir, on peut écrire des poèmes. François Villon en lançant son : « Frères humains qui après nous vivez » dans sa « Ballade des pendus » nous démontre, le premier, que sous cette forme un mort s'adresse encore aux vivants. Six siècles ou presque après on s'étonnerait qu'ils n'aient pas internet dans cet au-delà d'aujourd'hui ! Et puisque les morts savent parler aux vivants, rassure-toi, il y a de bonnes chances pour qu'ils se parlent entre eux.

Évidemment il aura une période de silence imposée dans cette enceinte où tu seras, malgré ta jeunesse, accepté à terme. Mais soit bien sûr que ces morts anciens ont une certaine expérience. Ils sont nécessairement très organisés. Ils enquêteront sur toi, à moins que ce ne soit déjà fait, sur les sujets philosophiques. Ceux qui permettent d'apprendre à mourir. Au début tu n'auras pas voix au chapitre.

Tu vas vite acquérir les petits rituels, les modes d'agir sans lesquels il n'y a pas de vie en société. Il y a un « savoir-vivre » après la mort, sinon ce serait une pagaille innommable.

D'autant plus indescriptible que vous allez être nombreux. Même s'il y a eu de la perte au cours des millénaires précédents pour des raisons inqualifiables il doit être, ce petit monde, difficile à gérer. La loi du nombre doit être érigée en système. J'ai peur que tu te considères plutôt dans une jungle que dans une classique doxa. Il faut t'y faire vous serez innombrables. Comme déjà Levi-Strauss, avant d'y aller, avait considéré en résumé, le petit globe qu'il quittait comme « trop plein ». Je crains ses préjugés sur votre grosse boutique et sur vos tristes tropismes. D'ailleurs pourquoi vous agglomérer, pourquoi vous réunir alors qu'un des bénéfices majeurs de vos nouveaux cieux, c'est tout sauf le manque d'espace. Tout cela a été prévu « grand » et la réalisation de cette conception géniale risque bien de surprendre tes habituelles mesures. Ton sens de l'orientation va souffrir de ces nouvelles frontières. Je te vois un peu perdu au début, perturbé précisément par l'absence de début. La perte de tes repères sera à son comble dans ton nouveau repaire quand tu auras pris conscience, non seulement qu'il n'y a pas de début mais qu'il n'y a pas plus de milieu, et qu'il n'y a encore moins de fin. Je crains pour toi un climat de confusion mentale. Toi qui t'es tellement intéressé à la fin, de ton vivant, tu vas tomber dans l'inconcevable. Sur quoi appliquer tes raisonnements, s'ils ne reposent sur rien qui soit fini… Tout allait bien parce qu'il y avait des fins et qu'elles justifiaient, par leur seule existence, les moyens. Tu auras tout perdu : ta fin, comme tes moyens. Tu seras sans fin et sans moyens. Et, là, pas question de penser te ressourcer dans le mythe de « l'éternel retour ». Ici, il n'y a pas de « retour » et il n'y a surtout pas de « mythes ». Le plus pénible pour toi ça va, sans doute être ce constat : pas de mythes, aucune de ces péripéties qui font les mythes et qui en les sédimentant par couches successives fabriquent de l'Histoire. Non, ici non plus, on ne fait pas d'Histoire, ni avec un grand « H », ni avec une petit « h ». Ça va te manquer, penses-tu ? En réalité je ne le crois pas. Parce que dans cet immense rien on a rien mais surtout on n'a besoin de rien. Ce qui tombe assez bien puisque faute de fin, faute de moyens, on arrive assez vite à ne pas ressentir de besoin. On n'est plus dans le besoin. Fais très attention. Beaucoup de tes notions habituelles faites, il faut bien le dire, de conventions n'ont pas cours dans ce là-bas là. Aucune utilité. En fait il faut que tu saches que cette absence de promiscuité, dont tu te réjouis, a son corollaire immédiat : on y est tous dispersés. On ne se touche pas, on ne se rencontre pas. Il n'y a, par exemple, pas une chance sur des milliards que tu y croises ta mère… L'*inculcante* exultera sûrement. Elle qui s'était si bien préparée au vide. Elle sera dans son élément. Et finalement, en l'y ayant précipitée tu auras commis, à ton insu, une très bonne action. La dernière fut la bonne. Sois-en félicité dans ton éternité ! Ne tombe pas dans le piège de la postérité par orgueil. Tu verras, trop tôt peut-être à ton goût, que dans ce là-bas, il n'y a que de la postérité dans tous les sens. Hélas le mot « sens » lui-même n'y a pas de sens. Aucun sens. Pas plus de sens pour s'orienter que de sens pour évoluer. Quelle évolution possible ? Pas de sens pour sentir puisqu'il n'y a pas plus de sensation que de sentiment… Pas de sens pour les choses nécessaires puisque les choses n'ont pas de sens. Tu n'aurais pas imaginé un tel bouleversement. Mais je sens que tu ne regrettes rien. C'est tout à ton honneur car ici tout est perdu sauf l'honneur. Mais je t'en supplie, évite de rire. Ce n'est pas du tout le genre de l'endroit.

Ce principe a marqué les esprits : « on ne rit pas ». Dernière saison pour les clowns et les saltimbanques. Ça mérite qu'on s'y arrête… Faire le malin, jouer l'irrésistible comique, c'est faire la pire opération. Ce ne sera en aucun cas, sauf accident, jugé impeccable. Ce sera sanctionné sans distinction entre une faute vénielle ou mortelle. Pas d'ironie avec la mort.

Conseillé en revanche, même si on est en bon état, de s'apitoyer sur son sort. Cette participation à une grande et incommensurable plainte est évidemment de bon ton et peut permettre de passer entre les gouttes et autres astéroïdes. Encore un élément dans lequel ta mère ne pourra que s'épanouir. Nouveau satisfecit pour vous deux, nouveaux membres appréciés par on ne sait pas bien qui… Comme il n'y a pas de personnalité, pas de leader, pas de meneur, pas de dirigeants, il n'y a pas, en réalité, qui que ce soit pour faire respecter une règle et singulièrement celle du défaut d'humour. Non, pas une absence d'humour, non comprends-moi bien, ici, l'humour semble en défaut… Il suffit de faire semblant de dormir, colin mon p'tit frère ! Pas de surveillance à une année-lumière à la ronde. C'est dire que la liberté est vaste… Elle est de surcroît totale et grandiose. La liberté est débarrassée de ses éternelles suiveuses évacuées en queue de peloton : l'égalité et la fraternité. Ces deux là peinent à trouver leur justification posthume. Encore un sujet de satisfaction pour ta mère, un de plus. Décidément tout militait pour son passage qu'on aurait pu envisager encore plus précoce au vu de ses dons et de ce talent-là : elle était vraiment née pour ça, née pour mourir, plus que d'autres. Il fallait ne pas être très perspicace pour avoir manqué l'observation aussi évidente de ce dédit caché.

Inutile de te préciser qu'il n'y a pas de bonnes tables ou de grands crus, pas plus, que de Cointreau dans ce coin reculé. Tu n'as pas encore fait le pas de comprendre que le vocabulaire du « matériel » n'a pas court. Essaie des adjectifs comme : délicieux, exquis, voluptueux, charnel, rond, capiteux, limpide, parfumé… ou même bien plus simple : tangible, palpable, élégante, glamour, évanescente, merveilleuse… ou même encore plus simple, quoi !... comme belle, charmante, attirante, séduisante, aimable… il n'y a désormais plus rien à quoi ça pourrait, même de loin, s'appliquer ; ni au bonheur, ni à la décadence.

Cette concise leçon de modestie post-terrienne viendra clore ce propos de longues digressions que la sollicitation des souvenirs te ferait croire encore en usage, abusivement.

C'est avéré, ici, pour les adjectifs du plaisir mais ça l'est aussi pour le reste. Le plus désagréable n'est pas qualifiable : imbécile, stupide, patient, féroce, révolté, bête ou même fêtard, sont ici inutiles stériles et faux. Range tes idées immuables et tes jugements bien fondés. Une seule certitude, l'absence de tes sens va te trahir à chaque occasion. Là, c'est un monde où l'on n'est sûr de rien. Puisqu'on « n'est » pas, il n'est pas totalement sot de tomber dans l'oubli de soi et pas si niais de le faire malgré soi… Il faut déchoir de soi quoi qu'il en soit… Tu es dans un contre-la-montre, en montée, par une nuit sans lune. On te l'a déjà dit : « dans la vie on ne fait pas toujours ce qu'on veut… » Cette seule phrase te hérissait contre qui la prononçait. Tu ne voulais par rien te laisser aliéner. Alors figure-toi que, contrairement à la vie, dans la mort on fait toujours ce qu'on veut. Je t'en ai déjà parlé. Tu seras surpris par l'étendue de ta liberté. Tu seras un mort idiot. Plus idiot que les autres avec ton côté « vivre libre ». Là, le « libre » est ouvert, comment t'expliquer, avec une échelle compréhensible genre celle de Richter. Enfin, quelque chose de plus grand qu'exponentiel. Sur place tu jugeras pas toi-même. Cette absence nouvelle de facultés de jugement sera ton bonheur et sauvera en quelque sorte, ta mort. Car tu te souviens : l'apprentissage d'un langage ne fait pas appel à tes fonctions cognitives. Les « *attention –compréhension–mémorisation* » sont à jeter avec tout ton fourbi de trucs et de manières intelligentes. Ça n'est pas là que tu pourras continuer à jouer au gros intellectuel allègrement…

Tu pourras malgré tout siffloter avec entrain.

D'une façon générale tu conserveras l'essentiel des attributs de ta personnalité. Si tu étais jovial tu resteras jovial. Si tu étais bougon, pareil, tu le resteras. D'ailleurs dans l'au-delà c'est comme dans la vie, tu remarqueras ça : les gens ne changent pas !... C'est terrible de vérifier, là aussi, qu'on est condamné à être toujours les mêmes. On naît d'emblée avec son petit matériel d'identité, on vit avec, en le perfectionnant plus ou moins ou en l'aggravant. C'est selon. Mais *grosso modo* on ne change pas. Maintenant ici c'est juste un peu plus net. On est sur du long-terme. On en prend pour longtemps.

C'est certainement l'aspect le plus embêtant : ne pas se bercer de l'illusion d'une évolution, ça peut vous faire regretter la vie d'en-bas. Il y a du positif et du négatif. C'est comme partout il y a les débrouillards qui s'en sortent toujours, et les autres… Comme rien, non, ne change, il n'y a pas plus d'égalité ici qu'ailleurs. Et, petite précision pas inutile, même l'aspect liberticide de toutes nos tentatives d'égalité, certes généreuses, ne fonctionne pas ici. Tu penses bien que rien ne saurait avoir prise sur une liberté devenue sidérale. Tu seras à la fois cacochyme et vigoureux un peu comme ce retraité désœuvré et inutile qui ne trouve son salut d'ex-survolté qu'à construire un ultime nid. Il s'empresse à grand renfort d'économies laborieuses et d'architectes bourrés d'idées folles, joyeusement modernes et obligatoirement originales, d'assassiner de vieilles fermes à retaper.

C'est en évacuant, de ces lieux fraîchement acquis, les traces des précédents occupants, leurs histoires, leurs peines, leurs joies, leurs salissures, que ces petits nouveaux viennent installer leur dernière demeure de jeunes futurs morts souvent citadins en lieu et place de vieux morts ruraux qui auraient mérité plus de respect de la part des acheteurs. Enfin, au prix qu'ils ont donné, pensant avoir marchandé à égalité avec des paysans, ils peuvent maintenant attendre avec fébrilité la visite bien vivante des enfants et la vitalité des petits enfants. C'est te dire leurs capacités à s'illusionner sur l'égalité… Ils pensaient bien égaler les meilleurs : comme, par exemple, *les Untels*. Peut-être même être plus égaux qu'eux malgré leur énorme réussite. Erreur, en fait d'égalité on ne cesse de démontrer cette excellente définition du capitalisme planétaire : « le bonheur c'est avoir plus que son voisin ».

Le vrai bonheur ici, tu m'avais compris très vite, c'est qu'il n'y a pas de voisins. Ni à voir ni à envier, ni à copier. Toi, tu vas être content qui a toujours dit : « le vrai luxe c'est l'espace… » Tu auras de surcroît, illimités, le silence et le temps. Que demander de mieux !... Alors, s'il te plaît, rengaine tes histoires d'égalité et tes rêves de fraternité. Ah, la fraternité, celle-là fut sûrement ton objectif le plus oiseux. Essaie toujours de copiner avec le grand Architecte de l'univers ?... C'est vaste chez lui. Il y a de quoi faire. Il adore que ce soit bien tenu. Il est assez bricoleur et bien qu'il fasse les choses en grand, il a un réel souci du détail. Attention aux restes de clous dans les planches ! Chacun ses petites manies. Lui en a d'infinies. C'est pas le style oligoélements, régime maigreur et autres disciplines. Lui, je te le redis c'est une énorme surface. Même en millions de milliards de dollars, on ne sait pas combien il pèse. On ne sait pas très bien si lui-même le sait. C'est dire !... À ce niveau-là, comme on ne sait, ici, ni lire, ni écrire, à quoi servirait de savoir compter. N'en tire pas la conclusion que faute de comptables et de financiers on s'est donné une chance de plus de faire un pas vers l'égalité. Décidément tu es resté beaucoup trop humain. Il n'y a pas deux dimensions, pas plus que trois d'ailleurs, il n'y en a qu'une : la liberté. Ce qui tombe assez bien puisque tant de gens en ont toujours rêvé… Tout le monde veut l'avoir cette liberté. C'est pas compliqué, ils la veulent tous. Tu m'as compris, la rédemption à laquelle ils ne s'attendent pas et pour laquelle ils ont inventé tant de religions et autres activités spirituelles plus ou moins rigolardes, ils vont l'avoir sous forme de liberté. La surprise sera générale mais évidemment, c'est le hic, incommensurable. On n'est pas à l'abri de quelques déceptions, d'hésitations et peut-être même de quelques refus de la part de débutants uniquement habitués aux progrès. Tant pis, ils mettront un certain temps à comprendre que récession, décroissance, absence d'énergie, paresse, dilettantisme, aquoibonisme, fatalisme et déterminisme étaient les vrais chemins modestes vers leur être commun : leur liberté, la vraie ! Celle qui s'affranchit même du déterminisme, pas celle d'en-bas, quoi !

Alors voilà, s'ils avaient su plus tôt, ils auraient fait comme toi, ils seraient partis plus vite. Ils auraient devancé l'appel de la nature comme ils disent. Facile à dire maintenant… Ah, avant !...

La Mort

Chapitre III

Avant, beaucoup vont te dire qu'ils n'étaient pas prêts. Qu'ils se sentaient incapables de se jeter à l'eau. Qu'ils préféraient le vaste pont à haubans pour passer d'une rive à l'autre : de leur longue vie à leur mort tardive et confortable.

Vu d'avant ils n'avaient pas saisi qu'il faut déraciner la totalité de l'arbre de son narcissisme et pas seulement élaguer les branches les plus visibles.

Dis-leur toi, que tout doit être éradiqué de l'aérien jusqu'au plus souterrain pour éliminer tout risque de contagion pernicieuse à vouloir durer comme auparavant… Un peu de rigueur ! Ok ?

Profites-en, ils doutent déjà que ce pouvoir soit bien à eux, que cet argent amassé soit totalement le leur. Ils durent mais ils ne sont pas si à l'aise que ça dans leur richesse… Alors, pour persister sans honte, ils ont inventé le *mérite* comme légitimité de leur bonne fortune, laquelle n'est pas un concours de circonstances mais le résultat connu de leurs réels efforts. Ainsi doucement leur méritocratie s'est glissée dans notre démocratie, la terrible faiblesse du système républicain. Notre République n'a plus rien à envier à notre Ancien-Régime en matière de possédants qui veulent le rester durablement et inaugurant d'indestructibles « lieux de pouvoir » où l'on n'a aucun souci de la vie comme de la mort, des « gens de peu » …

Avant, c'est tout bêtement plus facile. Il suffit d'avoir de l'ambition, de vouloir… Avant, il suffit d'avoir de l'ambition, celle du pouvoir… Avant, il suffit de naviguer correctement entre trois difficultés majeures : la peur – la faim – la rivalité. Je te concède qu'à l'ère néolithique ça nous mettait sur un même plan d'égalité avec nos congénères animaux. D'accord il s'agissait d'égalité dans la quête de ces trois besoins primitifs, je l'admet. Et j'admet aussi que pour le sud de ta planète ce sont trois problématiques loin d'être dépassées. Cruauté des géographies dont on ne sait pas se débrouiller…

Mais avant, le avant d'après la civilisation, quand on n'a plus eu à se battre qu'avec trois nouvelles difficultés plus mineures telles que : « avoir–être–transmettre », on s'est battu pour des futilités ou presque. Posséder plus qu'avoir, paraître plus qu'être, se survivre plus que transmettre. Tout ça nous a conduit aux pires excès, aux pires péchés au point même de créer des systèmes d'absolution de ces excès qualifiés par nous de péchés.

Avant, on ne sait pas qu'il faut partir au plus tôt. On n'a pas appris à vivre dans l'éphémère, on est bouleversé à la seule idée du vivre « précaire ». On est prêt à tout obtenir par la prière et on ne poursuit que des chimères avec la pire de toutes : celle de vouloir vivre le plus ardemment possible et alors, sommet du mal, le pis de tout, vouloir vivre le plus longtemps possible. Vanité fatale.

Ah, si on avait su avant on aurait réfléchi, plutôt que de se laisser entraîner à des âges idiots où on a perdu les moyens de réfléchir et d'agir sur le seul et unique problème de sa vie : sa fin ! Notre monde n'a jamais connu une aussi grande menace de sénilité institutionnalisée. Nous sommes entrés dans l'ère du « péril sénile ».

Ne t'attribue pas tous les mérites d'y avoir pensé avant… Sans le diagnostic de ta rate ratatinée et le pronostic brutal de la brièveté de ton reste de vie, tu n'aurais jamais trouvé l'élan de vouloir te raccourcir par un chemin buissonnier bien inspiré. Ne te hausse pas du col, tu aurais sans doute aimé goûter longtemps tes bonnes choses, tes bons amis, quelques bons livres, quelques bons rites alliés et quelques bains dans le gave d'Oloron et quoi d'autre… Tu serais, comme beaucoup, tombé dans le panneau. Évite que le secret se crée, essaime et s'aime pour lui-même.

Mais bonne décision bon départ devancé, excellente anticipation ; le jeu vaut la chandelle. Je suis satisfait de t'avoir convaincu, au moins toi… Mais pour les autres combien faudra-t-il encore de morts et, de « morts tardifs », pour qu'ils comprennent leur erreur ?... Tu avais dit que tu ne dormais pas, que tu ne dormirais pas cette nuit. Là, je t'ai dit l'essentiel, ce serait un crime de te réveiller ! Je crains que le sommeil t'apaise et calme ton projet. Enfin nous verrons bien.

Je t'aurai prévenu : la nuit c'est l'ennemie avec les faux préjugés de la pudeur. Sous sa forme théâtralisée elle nous fait croire à l'irréalité de ce que nous rêvons. Elle veut les nier en soulignant ce qu'ils contiennent, « nos songes », de notre vigoureuse immoralité. La nuit c'est l'apathie d'un homme qu'elle réveillera, moral, sage sans le moindre dynamisme conquérant. La nuit c'est l'inertie. En nous laissant en son sein l'accès à tous les crimes moraux, de l'adultère au viol, du viol à l'inceste, elle nous guette dès le matin pour nous remettre dans le droit chemin, avec des désirs assouvis, un esprit assoupi et en ordre pour faire de nous des êtres soumis, sans courage à transgresser les règles par une anémie pitoyable et une disparition totale, le jour, de nos audaces de jouissance.

La nuit, c'est l'interdit. Ces bonheurs égoïstes et privilégiés qu'elle nous autorise dans son espace sombre, elle nous les limite dès qu'ils s'expriment en pleine lumière. Elle calme et régule les plus barbares. Elle contrôle les plus prompts à la révolte. Elle pousse tous nos instincts les plus sains à l'esquive et à l'effacement. Elle souhaite nous sauvegarder de nos penchants naturels. Elle tue en sourdine dans sa pénombre tous les beaux élans qu'on aimerait satisfaire au gré de nos caprices. Quelle bizarrerie que de nous laisser dépenser à grands éclats nos violences dans le noir pour mieux nous rendre dociles, astreints à l'humilité dans notre quotidien blafard mais assagi. C'est sans doute elle qui règle nos âges, la date de nos morts, qui, au total, s'approprie cette part de notre volonté capable de choisir si l'on veut cueillir le fruit de l'arbre vert ou mûr. C'est elle qui dicte sa loi et, sa loi, c'est de nous endormir pour nous laisser mûrir et retarder ainsi toutes volontés telles que la tienne de mourir avant le terme qu'elle garde en son strict pouvoir. La nuit est une traîtresse viciée. Celle qui te fera perdre tes plus grandes batailles et ton bel orgueil. Elle prend en mains toutes les conduites et prépare les destructions humaines à petit feu, à son rythme, ses heures, sans que le cours des astres en soit, en rien, retardé.

La nuit, c'est la perfidie. Quand elle se réserve le droit d'agiter ses fantômes dans l'obscurité c'est souvent pour mieux courber la tête de l'homme libre à son réveil, et lui dénier toute impulsion, toute vaillance anarchique. Elle insinue dans son esprit ces formes d'angoisses avilissantes que beaucoup ne peuvent vaincre que par une soif inextinguible d'activités ordonnées et surtout ambitieuses. Éteindre ses angoisses nécessite alors de s'élever par-dessus certains supposés, eux, épargnés par ce mal, quitte à les écraser en les confondant avec l'escabeau nécessaire à enjamber l'obstacle matinal. On se berce d'illusions… Chaque nouvelle journée, considérée comme utile à l'oubli impérieux de la nuit terrifiante, est à refonder chaque matin… Ainsi se met en route le moteur de vies entières consacrées aux gains pour ne jamais régler le maléfique trouble existentiel que la nuit, sans cesse, fait renaître tel une mécanique en mouvement. Cette espèce d'énergie désespérée n'est plus une peur de la fin mais une peur du lendemain, de chaque lendemain.

Je sais que toi tu ne crains pas demain, que la nuit n'a, jusqu'alors, eu aucune prise sur toi faute de pouvoir s'accrocher à un « qui suis-je ? », à un « où vais-je ? » qui chez toi sont absents, l'empêchant d'installer ses moteurs à ambitions. La nuit ne mord que dans les faiblesses. Pour elle l'orgueil rend le gibier trop coriace. Elle t'épargnera. Reste attentif. Stimule ton instinct de vigilance. Ne te crois pas trop méfiant... Tu n'es, par chance, que peu velléitaire mais si naïf !... Puéril même !

La nuit elle-même est bourrée de complexes. Elle-même trimballe de graves questions existentielles à son sujet. On lui avait longtemps fait croire, au début, qu'elle était une espèce de « petite mort ». Puis, déception cruelle, elle n'a jamais grandi ! Elle pensait évoluer jusqu'au noble statut de vraie mort : celle qui stoppe tout.

Cela lui a toujours été refusé. Elle en a conçu, tu l'imagines, une terrible rancœur. Sa vie de nuit est devenue une vengeance permanente qu'elle exerce sur les vivants en retardant systématiquement le règne de la Mort, son idole, sur leur fin et l'heure de leur fin. De cette prérogative, elle n'est restée que la sous-maîtresse. Un petit rôle à ses yeux. Elle aussi crève d'ambition comme les sujets qu'elle façonne par pure volonté de nuire. La nuit nous nuit ! Par définition elle est nuisible, mais peu le savent. Alors sache-le, toi !

La nuit c'est l'hypocrisie. Elle a tellement voulu être la mort qu'elle l'a singée à sa manière un peu stupide avouons-le. Là, où la mort nous offre un temps sans limite, la nuit n'offre une réelle maîtrise du temps que dans l'espace rabougri du rêve. Tout y est contracté ou, au contraire, relâché sans le moindre respect d'une chronologie un tant soit peu astronomique. D'ailleurs il me semble bien qu'elle ignore tout des astres sinon l'évidence de la lune ; pour le reste des constellations, elle reconnaît que le temps lui manque, précisément à ces heures où elle aurait put s'instruire en « cours du soir », parce qu'elle est absolument débordée à contrôler scrupuleusement nos durées de vie et quelle donne toute son attention à cette sinistre besogne qu'elle se persuade avoir confisqué à sa maîtresse : la Mort. Pourquoi pas ?... La Mort n'a d'ailleurs formulé sur le sujet aucunes réclamations sérieuses. Elle est bien au-dessus de tout ça ! La mort a eu à construire tous les Mémoires d'outre-tombe, elle a une ampleur homérique, au minimum. Elle est un modèle bien inaccessible à notre orgueilleuse nuit qui, excuse-moi, n'a pas grand-chose sur sa propre ascendance puisqu'elle ignore sur Terre notre rotation à 1 660 kilomètres/heure et que, sans notre incidence au soleil, la pauvre, elle n'existerait même pas dans ses cycles lunaires !...

Je cesse de la dévaloriser car elle a eu, la nuit, ce coup de génie littéraire, cette invention tout à fait diabolique du rêve. Que ferions-nous, que ferais-tu, sans lui ? Crois-tu que sans lui les hommes auraient eu besoin de l'art, de la conversation, qu'ensuite ils en auraient fait le ferment de l'écriture et, enfin, celui de la littérature ? Que crois-tu que certains vont chercher dans les livres, sinon cette dimension qui les soustrait à leur réalité ? La même chose que ce que la nuit leur offre à ses heures mais que ceux-là veulent poursuivre le jour. Ils lisent. Ils se perdent dans la lecture qui sont leurs rêves de vie souvent sur ce que bien d'autres ont rêvé avant de se mettre à l'écrire sans trop savoir qu'ils se faisaient les acolytes serviles d'un des pouvoirs de la nuit. En voilà qu'elle a bien roulé dans sa farine, les écrivains, les soi-disants romanciers qui croient encore à leurs facultés d'invention alors qu'ils ne sont que le jeu de dame-nuit !

Elle ne fait que leur envoyer de la poudre aux yeux en les moquant. Comme cela leur brouille la vue et les endort, ils ont déguisé le sommeil en marchand de sable… Piètre effort d'imagination pour masquer leur ignorance.

Elle se rit d'eux au point que certains, reconnus comme romantiques, se parjurent et sont prêts à lui dire par trois fois qu'ils l'aiment alors qu'ils ne se grisent que d'eux-mêmes jusqu'à l'étourdissement, étroitement soumis à elle et dépourvus d'originalité, ivres de sentiments graves.

Que n'ont-ils dit à propos du rêve justement : que c'était une seconde vie ou, plus lucide, que, dans lui, l'homme s'efface et n'est plus que la « conscience de son inconscient » ou, carrément sinistre, que le rêve est une « veille dont les forces sont absentes ». Plates évidences, et pourquoi approfondir quand les gens simples n'y voient que joie et bonheur et qu'ils se souhaitent entre eux : « bonne nuit, faites de beaux rêves !... » Ils n'en font pas tout un phénomène avec des analyses et des cauchemars. Non, pour eux la nuit est sympathique. Elle est la reine de leurs songes et ils s'abandonnent à elle sans réserve, souvent avec délices, car quoi qu'on fasse, grâce aux rêves, on s'éveille plus riche que la veille !

Fais bien attention, ce soir, de ne pas tomber dans ses pièges. Elle peut se saisir de toi comme on s'évanouit, comme on tombe dans un rêve. Prends garde, tu es chez elle et c'est son domaine d'excellence. Elle en a abusé de bien plus fort que toi. Qui plus est sans anxiolytiques et sans Cointreau. Je te sens vulnérable et mal parti pour lui résister….Tu vas partir. C'est peut-être déjà fait…

Il est plus difficile d'échapper au sommeil et aux rêves la nuit que d'échapper aux contraintes du réel le jour. Alors vouloir perpétuer le jour et ses attributs dans le domaine de la nuit c'est vraiment la prendre pour une débutante. Le concret n'est pas du tout son affaire. Dans son petit réticule c'est un carnet de bal rempli, non pour elle, mais pour chacun. Elle fait danser les plus empotés et les plus rétifs à la grâce. Elle les emporte malgré eux dans des rondes folles sans qu'ils n'en ressentent aucun vertige. Elle les entraînent dans les salons de bal de châteaux chimériques, cueillir des baisers volés, fondre à la vue d'épaules dénudées aux lourds colliers de pierres pesant sur les poitrines délicates. Ils ne décèlent pas l'utopie. Ils marchent. Ils y *courraient* même, si ce n'était le seul exercice que le rêve nous rend impossible ! Alors elles les figent dans un désir pénible auquel ils en arrivent à préférer le rêve éveillé. Et, là, elle chasse vers des sorties imaginaires leurs visions troublées pour les éjecter dans les confins diurnes de leurs vies sévères. Ils ne rêveront alors plus que d'une chose : y retourner.

Si tu penses sortir indemne de ses griffes, alors permets-moi de te dire que je ne te fais aucune confiance… Tu es un garçon hasardeux. Elle te perdra, cette nuit-là… Cette nuit-là, tiens, c'est son jour, ce n'est pas le tien… Perdu !

Perdu de peu, à un cheveu, dans un mouchoir de poche, à une queue de cerise… La nuit, celle-là, est une longue ligne droite. Ne cherche pas de complications, ça n'est pas un labyrinthe où tu aurais eu recours à un fil d'Ariane ou quoi d'autre, des petits cailloux ?

Tu sais, quand on rêve on n'a pas de langue, ni le Français

ni l'Anglais… On ne dispose d'aucun langage… On rêve dans une langue indépendante des fonctions cognitives. Alors même le rêve peut t'apparaître comme une langue universelle. Naïveté ! Va demander ta route dans le rêve où tu t'es égaré ! Non seulement tu as perdu sur la nuit mais tu t'es perdu en elle ! Le genre de détresse où l'on n'appelle pas sa mère… trop revêche. Pas de revanche sur les rêves. Tout se joue et se perd en une manche sèche. La nuit ne repasse pas les plats. Je te plains. C'est un voyage sans arrêt. Tu comptais à tort sur une hallucination ou le répit d'un moment de somnambulisme, une sorte de rêve d'évasion, un billet de sortie, une permission. La nuit ne fait pas de détail. Elle a un chemin à poursuivre. Elle s'y engouffrera et, s'il le faut, avec brutalité. Le mieux qu'elle puisse t'offrir, à ton stade, c'est un rêve « *prémonitoire* ». Mais que faire d'une prémonition quand s'arc-bouter sur une décision n'est plus que la seule et belle revendication. Tiens bon ! Les cactus les plus revêches produisent la fleur la plus somptueuse ! Qui aurait pu le prédire pour fin avril ?

❖

Le Moi

« Ô mon fils, que tes jours coûtent cher à ta mère »

Jean Racine

Le Moi

Chapitre I

Nous sommes quatre mois auparavant ; dans un hiver qui s'éternise. Déchirant un matin obscur et glacial du Béarn un chien aboie au loin… De mon lit, où je traîne encore à cette heure, un livre grand ouvert mais oublié, délaissé, j'entends la fourgonnette du facteur. Elle a manœuvré. Je l'imagine disparaître dans la pente glacée au bout du chemin, près du vieux lavoir. Une vision hâtive vient s'imposer à mes paupières closes : le visage mort de ma mère. Un masque « *prémonitoire* » ? Pourquoi pas… Dans sa maison de retraite où elle dit tenir par une, auto-décernée, remarquable force de caractère, elle est peut-être passée ?... Cette idée, comme l'image de son visage rigidifié, enfin tendu et immobile, me réjouit un long instant. Si je l'appelais, me dis-je ? Pour les vœux puisqu'on est encore loin de la fin du mois de janvier. Lui dire quoi… Bonne année… Ce serait ridicule compte tenu de ses nouvelles conditions de vie… Depuis trois mois, n'y voyant plus ou guère, elle s'était résolue à quitter son appartement où elle vivait seule, après plus de trente ans de veuvage, pour se réfugier dans ce mouroir. Mais des vœux, à quoi bon, vraiment, alors que mon souhait le plus fort comme le plus ancien était qu'elle ne fût plus. Qu'elle lâche enfin …. qu'elle arrête de lutter, dans ce combat, vain, buté, où elle s'acharne à vouloir durer, alors qu'elle ne sait plus que détester ou peu s'en faut. Elle a toujours aimé détester !...

Depuis longtemps – on ne savait plus à quand le faire remonter – son monde de détestation était sans mesure. Si l'on essayait de le circonscrire en recherchant les cercles de ses affections on arrivait à une *peau* de chagrin : sa *peau* à elle. Sa peau à elle et celle d'aucun autre ou presque, sinon les deux ou trois personnes qu'elle payait pour leurs services mais qu'elle soupçonnait autant qu'elle les commandait, l'*inculcante* !

Au loin un chien aboie, d'autres lui répondent. Je décide de me lever dans le seul but d'évacuer cette inévitable cascade de pensées que l'évocation simple de ma mère ne manque pas d'entraîner.

Un bref regard par la fenêtre de la chambre à l'étage me permet de constater qu'on s'installe dans une journée sans le moindre balancement d'air. Les arbres ont perdu toutes leurs feuilles… Merci, le vent du Sud !

Merci aux belles bourrasques pyrénéennes qui chassent les lentilles d'eau et les regroupent dans un coin de l'étang. Je n'ai plus qu'à les enlever avec un tamis et un seau... Mais, en à peine un mois, elles ont repris possession de la surface, voilant le miroir… Nouvelle corvée en cuissardes dans l'eau glacée, nouveau dérangement pour les carpes et les poules d'eau. Pire au printemps : le miroir est envahi. Un jour, y viendront quelques gros canards… Ils nettoieront, peut-être ? Ils aiment ça !…

Ma mère – son visage mortuaire me poursuivait – avait fait le vide autour d'elle aussi radicalement que les assauts des tempêtes m'avaient débarrassé des feuilles des platanes, précipitées vingt mètres plus bas au fond de l'à-pic du gave d'Oloron, lequel charriait tout ce que la nature, comme les hommes, lui abandonnaient… Abandonnée !… De ça, jamais ma mère ne s'en était plainte. Exception, puisque toute sa vie n'avait été qu'une longue lamentation. La liste de ses misères n'avait d'égale que celle de ses mérites. Leur narration ne s'arrêtait jamais. L'alternance des deux s'enchaînait comme l'aurait fait un système questions-réponses prenant des allures de dialogue. *Ce n'était qu'un impénétrable soliloque !* La moindre approbation, un signe marqué ou l'amorce de tout autre sujet ne servait qu'à relancer l'énumération centrée sur elle comme par un effet purement mécanique.

Toute tentative d'aiguillage sur une généralité ou sur une actualité familiale autre se trouvait prise en aspiration, laquelle recentrait le fuyard sur le seul sujet d'intérêt imaginable : elle. Son Moi était un gouffre impossible à combler. Son moi : un univers, énorme à ses yeux, mais vide ou peuplé de quelques variantes de choses microscopiques, infirmes à produire du sens, sinon l'énumération toujours ressassée de ses qualités et ses misères ou de celles inventées spécialement pour elle.

Un moyen échappait à cette spirale sans fin : le téléphone.

Il suffisait de rester un moment silencieux sans même un oui pour qu'elle décide unilatéralement de raccrocher avec une formule d'adieu, aussi brève que brutale, laissant suspendue l'attention, même distante, qu'on pouvait lui prêter.

Nous étions samedi. Il était onze heures. Tiens, j'allais l'appeler, sans crainte de tomber ni sur la toilette, ni sur le repas de midi. Temps forts qui rythment et soutiennent cette ruine de vie dans ces maisons où l'on s'éteindra tous, sous surveillance très médicalement programmée avec un dernier espoir secret : mourir en oubliant de se réveiller plutôt que de subir le cycle chutes-rechutes avec la douleur et la peur de la douleur. Tout sauf la mort lente. Unique réflexe d'un reste de conscience ou simple instinct préservé dans l'indécence de la décrépitude. Attendre la mort avec passivité comme si elle était décidée par une instance supérieure. Dieu pour certains ou la Providence pour les plus abrutis d'assistance.

Un chien aboie au loin… Je compose son nouveau numéro : celui de son dernier lieu. Je ne l'ai pas en mémoire. Ça sonne dans sa chambre. Je suis crispé. Je n'aime pas faire quoi que ce soit par devoir.

— « Allo, bonjour, c'est moi. »

Une voix hésitante répond en cherchant un ton éclairci avec difficulté mais avec autorité pour me parler, comme si j'étais sa chose :

— « Allo, ah, c'est toi, mon grand ! »

L'extinction de voix n'était qu'un dérouillage avant usage. Mais pourquoi déjà ce délicieux possessif « mon grand » ?

À chaque fois qu'elle le prononçait, cet aimable vocable ne manquait jamais de faire refluer subitement le même mauvais souvenir. Celui de la pension où elle s'était débarrassée de moi au prétexte que je montrais des dispositions à étudier. Cette privation brutale du confort familial, l'immersion dans le système collectif et son paradoxe de solitude pénible m'avaient valu, par suite d'une méchante anorexie, d'être stoppé dans ma croissance. D'échalas, à dix ans, j'était devenu maigrelet à douze et, la toise bloquée, je fis depuis une carrière de « petit gros » ayant retrouvé un appétit plutôt conséquent. Je n'étais pas grand, la faute à qui ?... Certainement pas à elle… Irréprochable, elle avait eu cette précaution, pour ne pas me lâcher trop jeune dans un triste pensionnat, de me faire redoubler la septième près d'elle dans la petite école, et cela, en dépit de tableaux d'honneur et de prix d'excellence… En atteste une collection considérable de ces fameux « livres de prix » aux couvertures rouges chargées de riches et grandiloquentes illustrations au style inimitable.

Le décor alambiqué rehaussé d'or donnait un aspect général lourd et flatteur. Sans doute s'agissait-il de l'effet recherché. La pile en main j'en étais d'abord fier en descendant les marches de l'estrade mais l'impression forte, véritable qui dominait toutes les autres était la surprise, l'incompréhension.

Recevoir une distinction, on peut en être honoré quand on a travaillé, fait et refait : bûché, moi, je ne travaillais pas, ou si peu… Aucun mérite. Je dessinais lors des nombreux cours dès que les devoirs avaient été expédiés par cette étonnante rapidité simplement due au courage des paresseux, lequel n'est pas une force mais une sorte de fuite. Le coup de rein pour éviter un véritable effort. Bref, j'étais petit, pas grand, dénué de volonté, inconsistant et inconstant, sans passion sinon le dessinage, mais par ennui.

On me disait rêveur. Je trimballerai longtemps cette facile étiquette qu'on plaquait sur les ados et pré-ados de l'époque par pure et tranquille méconnaissance distante et satisfaite. On ne se cassait pas la tête avec les enfants… Décidément, les adultes me semblaient un curieux monde. Que d'emballements, que de verdicts hâtifs. Ce prof bigleux, bon chrétien, sans hésiter m'avait classé dans la case des crétins-imbéciles-dont-on-ne fait-rien. Verdict sans appel.

Il l'avait fait au seul motif d'un scandale exposé à toute la classe de cinquième en ces termes : « Messieurs j'avais demandé qu'on fasse une illustration de ce poème de Victor Hugo écrit sur le cahier de poésie. Et, voilà qu'un tricheur a trouvé malin de découper une image et de la coller… Cela ne vaut même pas un zéro pointé mais la honte générale. Debout ! Venez chercher votre crime. Sortez ! Vous pouvez faire une croix sur votre dimanche… »

Je restais pétrifié. Pour une fois, j'avais mis le paquet. Les tours de Notre-Dame à l'encre de chine plutôt chiadées, rehaussées d'un ciel rouge du soir, étaient du plus bel effet….

Quel choc… Quel désaveu… Touché, coulé, dégommé en plein vol. Je battais de l'aile. J'essayais de comprendre. Je cherchais une explication. N'importe quel mot aurait fait l'affaire… Je me serais satisfait du premier avis venu. Il ne s'en présenta pas un pour moi… Comment ne pas voir le quadrillé violet pré-imprimé du cahier y compris sous le dessin ? Ma mère, que je voulus prendre pour témoin de l'injustice criante dont j'étais victime et, pensant trouver un réconfort, ne jeta qu'un rapide coup d'œil, sans avis, retournant à ses occupations domestiques, quand moi j'attendais qu'elle fasse éclater la seule vérité possible… Elle acheva, par cette absence de réaction, de me renvoyer à mon désarroi sur ce monde et à mon anorexie.

— « Tu vois, mon grand, me confiait-elle, sincère, ce raisin est pour vous, les enfants… Ton père et moi, nous nous en passerons… Profites-en, fais une cure de vitamines. »

Elle avait un souci admirable de fonctionnalité, dont personne n'était capable, pour ses enfants. Elle était une mère « modèle ». La réalité est qu'elle suivait les modes de l'époque : huile de foie de morue, Ovomaltine, Hépatum, etc… tout en se croyant la seule avisée d'appliquer ces bons principes ;

Avec ses angoisses, sa générosité ostensible, son abnégation soulignée elle protégeait les siens dans une sorte de pugnacité sacrificielle presque héroïque, sans jamais s'être vraiment départie de son instinctive aversion pour vous. Tu aurais pu parler de « déni de maternité », si vous n'aviez pas été bel et bien là, au nombre de trois. Elle vous avait mis au monde… Ensuite c'est sa culture de là-bas qui prit le dessus, cette « là-bas-culture » où l'on ment mais sur le mode de l'évitement, où l'on est capable d'user de tous les procédés qui vous donnent raison à la fin.

Une manière de *culbuto* qu'aucun argument rationnel ne peut coucher. Cette façon dialectique probablement empreinte de civilisation arabo-musulmane agit avec une outrecuidance qui rend fou l'autre.

Cette règle du Je… où l'ego finit par détruire la pensée et griller la personnalité de celui-là même qui s'autocélèbre, s'autoglorifie pour se sentir exister, comme si l'homme s'anthropofabriquait par sa seule volonté… L'*inculcante*, insubmersible, pouvait-elle souffrir de ce grave trouble psychologique menaçant pour son intégrité ?

Impavide, elle pouvait violer ses propres règles de l'interprétation honnête de tout ce qu'elle voyait et décrivait… Elle appliquait surtout aux autres et à ton père des reproches qu'elle pouvait largement s'attribuer à elle-même. À base de simagrées puritaines et d'une obsession perverse, cela n'était qu'un jeu, sa règle du Je, dans laquelle tous et toutes, dont elle-même, dans une houle mauvaise, étaient emportés comme, naïvement, les dupes errent… Elle avait fait des enfants mais elle s'était en fait, rendu compte qu'elle avait fait de futurs adultes, de futurs parents de surcroît et, finalement, d'autres « elle-même »… C'était proprement inacceptable ! Elle avait de bonnes raisons de le refuser : pour elle vous étiez de futurs ennemis… Ce fut sa grande révolte ! La seule qui vaille. La révolte de l'âge adulte. Celle qui peut s'exprimer sur des inférieurs et se gagne aisément. Pas une révolte sans cause comme précisément celle de ces jeunes qui s'attaquent à leurs parents. Ces sots veulent doubler leurs supérieurs en côte dans un brouillard adolescent. C'est perdu d'avance.

Pour elle, sa révolte victorieuse se réfugiait sous une vertu méritante. Elle dissimulait son matriarcat autoritaire avec droit de vie ou de mort sur ses sujets, sous l'apparence flatteuse de la Femme exemplaire. Personne à l'extérieur ne devait en douter… En plus de vingt ans aucune de ses secrètes révoltes n'afficha le moindre indice. Elle se dédoublait sans aucune difficulté puisqu'il s'agissait de sa vraie nature et qu'elle vivait en double avec une étonnante virtuosité. Ta mère n'était plus dans ta mère. Quelque chose habitait son enveloppe.

Malgré tout son talent et ses efforts, je n'étais pas grand ! Elle trouvait ça décevant. Pas plus… Une gifle d'un prof, une faute pour deux points sur le ï de « nid » dans une dictée, rien ne pouvait l'émouvoir dans mes déboires scolaires.

Je ne fus vraiment débarrassé de ces troubles anorexiques qu'avec mes premières éjaculations… Manifestations, que je classais abusivement dans la catégorie physicienne des phénomènes complexes. Une ignorance coupable que trahirait bien vite la découverte sur mes draps de taches qu'elle qualifia finement de « pollutions nocturnes » là où, d'autres garçons parlaient en rigolant, tout aussi obscurément, de cartes de France… Elle consulta un très dynamique vicaire qui lui prescrivit comme traitement deux lectures. Pas n'importe lesquelles : Daniel Rops et Gilbert Cesbron.

Hélas, ces omnipotences livresques s'avérèrent assez vite inopérantes, malgré la foi de l'*inculcante*…

Un cousin m'apprit à me masturber dans le plus grand secret. Ce que je fis avec tant d'enthousiasme que l'appétit revint. On se félicita de mon coup de fourchette retrouvé… Ma mère pensa que ses bonnes lectures et ses bons soins avaient, comme pour le reste, été saintes et sages décisions. D'ailleurs mes draps, après inspection, donnaient totale satisfaction.

Mon frère et moi partagions une même chambre assez spacieuse et simple. Nos deux lits étaient recouverts de couvertures algériennes, seul exotisme. Nous avions chacun une table et chacun une chaise, un immense tapis dont le cadre extérieur servait de piste à nos trois compétitions : course de chevaux, parcours de Tour de France et circuit automobile… Le jeu était régi par un lancer de dés qui commandait l'avancée du sujet d'autant de fois sa longueur que le chiffre obtenu… Je ne trouvais aucun plaisir à tricher ni même à gagner ; mon jeune frère, comme les autres, oui…

Ainsi, tous les samedi, avait lieu l'inspection. Tout devait être rangé dans notre commode. Les vêtements respectifs dans le tiroir du haut, pour les miens, dans celui du milieu pour mon petit frère. Les jouets occupaient le tiroir du bas dans le maigre espace laissé libre par les couvertures de secours. Il y avait un nain-jaune, une piste de petits chevaux ou jeu de dames au verso et tous les accessoires : pions, voitures, cyclistes, dans leurs sachets sans le moindre manque car tout risquait d'être recompté. Certainement pas remplacé. D'ailleurs on pouvait parfaitement se passer de jouets. On ne nous décourageait pas d'en fabriquer nous-mêmes. Mon père acceptait de nous prêter ses outils.

Les affaires scolaires devaient se loger dans les tiroirs de nos tables de travail dont les plateaux étaient vidés pour l'inspection.

Luxe du détail, il nous était fortement recommandé de satisfaire cette suprême exigence : ranger et aligner les franges du tapis !... Banal à nos yeux d'enfants, cet « impérieux » culte de l'ordre semble aujourd'hui sans fondement et ignorant tout de l'esthétique, du mode de vie et de la culture « impériale » du Soleil Levant.

C'est lors d'une des inspections du samedi que notre *inculcante* de mère réussit à découvrir dans la cheminée de notre chambre l'étrange forfait qui allait me valoir la « punition », au tarif maximum, toujours rien que du banal, pour nos yeux dépourvus de sens critique.

De style années cinquante, en marbre anguleux, cette cheminée, fort laide, accueillait un massif poêle en fonte émaillé d'un ténébreux marron caramélisé. Ses carreaux de mica laissaient passer les lueurs du feu en hiver et un curieux miroitage de perle grise le reste de l'année.

Le tuyau du poêle s'enfonçait dans le rideau métallique à trois pans coulissants. Celui du bas pouvait aisément se remonter ouvrant sur un espace noir et livrant une cachette indécouvrable par mon jeune frère, ni par quiconque, pensais-je…

Pas pour l'*inculcante* qui poussa la curiosité, à la fin d'une revue de détail réussie, à explorer cette ultime cachette. Après examen, elle en retira un chiffon à demi consumé qu'elle identifia, très vite, comme un de mes mouchoirs.

Un questionnement approprié lui fit, sans mal, comprendre à quel usage avait pu servir ce mouchoir pour qu'on veuille le détruire et, que l'absence de traces de pollutions nocturnes, le devait moins aux édifiantes lectures qu'à ce reste brûlé. C'était son échec…

En effet, j'avais pris l'habitude de moucher le produit de mes éjaculations par ce discret moyen. Comment avait-elle fait, si rapidement, le rapprochement ? Aucune nécessité d'une longue enquête, tant il était facile de me faire tout avouer. Nous ayant inculqué comme vertu cardinale la franchise, il ne me venait jamais à l'idée de mentir. Ainsi son système de gouvernement était devenu d'une extrême simplicité. Je ne cachais rien, je disais tout. L'*inculcante* régnait sur nos esprits, autant que sur nos actes. Je sus, mais beaucoup plus tard, que, de mes frère et sœur, j'étais le seul à me conformer à cette règle. Eux se sauvaient plus facilement de situations embarrassantes par un mensonge plein d'aplomb.

Ma mère ne faisait aucune différence puisque son ego n'était pas concerné personnellement.

Mais pour l'heure, la situation réclamait l'intervention de mon père, sur-le-champ !

Sorti de son journal indûment, ce qui le courrouçait au plus haut point et, de surcroît, rendu furieux par l'exigence scandalisée de sa femme lui intimant l'ordre de sévir, mon père, le visage grimaçant et pâle, acceptait de m'administrer la peine maximale : quinze coups sur les jambes, autant de douleurs cuisantes…

Mon père avait ramené d'Algérie une cravache de cheval. Un travail local issu de ce qu'on appelait pudiquement un nerf de bœuf. Ce stick d'environ un mètre de long avait été façonné pour être effilé en bas alors qu'en haut le nerf était noué façon turban, en guise de pommeau. L'ensemble était luisant, ciré sans doute par le tanneur ou poli par l'usage. Pas au point d'effacer un semis d'encoches gravées en forme de croissant oriental. Il y a des fortes images ou des souvenirs plus précis et plus persistants que d'autres. Persistantes, c'était le cas des traces bleuies qui nous marquaient les jambes pendant souvent deux semaines dont certaines, visibles de tous, sur des mollets non dissimulés par nos pantalons courts.

Le tarif de la séance de cravache était codifié par multiples de cinq. Je venais de subir le maximum : trois fois cinq. Banal !

Nous avions tout de même un choix, une option : ne pas pleurer puis retourner à nos occupations ou, pleurer tout son saoul, mais enfermé dans un lointain cagibi, pour que mon père puisse retourner, sans bruit gênant, à ses lectures bienfaisantes et paisibles…

Il était ainsi, sûr de lui, aimable par nature et n'accédait à la brutalité que dans des règles bien déterminées… Comme sur les injonctions de ma mère à nous corriger. Évidemment pas par goût mais, précisément, pour s'en débarrasser au plus vite, tant il devait y trouver du désagrément. Et, considérant peut-être, qu'il s'agissait d'un mode d'éducation convenable comme on élève un vin. Appellation très contrôlée, « mise en bouteille au château ». Bref, des principes de base sans conséquences nocives pour la famille dont on venait ou celle qu'on produirait ou reproduirait, avec pour seul guide notre orgueil de race.

Sans grands efforts vous aviez assez vite réalisé que votre père agissait en service commandé et que la seule instigatrice des sanctions fut votre mère…. Qui, à part elle, l'*inculcante*, pouvait penser au recours à la violence pour que soit respecté son système d'organisation ?

Ce courage expéditif des faibles, dont les gifles qu'elle vous administrait reflétaient bien son principe de gouvernement articulé sur trois points : ordre-franchise-docilité. Cette politique simpliste lui permettait de tirer toutes les ficelles du mécanisme sans avoir à expliquer ses décisions.

Pur arbitraire qui l'exemptait d'explications, de persuasion, d'échanges… Pour un bon fonctionnement, sans dérogation, il suffisait de deux pauvres instruments de contrôle imposés : le silence et la sanction. Préceptes d'inculcation certes mais la répétition des traumatismes aurait pu vous détruire…

Je ne te cache pas que ta mère, à sa manière, avait inventé ce qu'il faut bien appeler : « un fascisme domestique », familial et ordinaire dont elle était aisément devenue le guide suprême.

Elle ne récriminait jamais sur les mouvements du monde, sur l'actualité de son pays ou autres grandes généralités, non, rien ne la sortait de ses préoccupations personnelles, de son ordre des choses domestiques, bref, de sa pratique de vie selon ses préceptes.

Elle avait l'ambition par imagination et le commandement par pur instinct. Aucune autre vision sinon des angles morts ! Et c'est pour ces raisons que tu ne supportera plus ta mère, de la même manière qu'on ne supporte pas l'injustice. Comme Camus l'aurait fait, tu aurais préféré avoir à défendre la justice plutôt que défendre ta mère !

Un regard de douceur, un compliment bref auraient fait ta joie…

Mais de l'admiration à la soumission, il n'y a qu'un pas et nous la craignions, nous l'admirions sans contestation, en fait nous l'aimions assez naturellement avec déjà sans doute cette fascination pour le geôlier qu'on nous décrirait si bien après quelques grandes affaires de kidnappés séduits.

Pour le moment notre mère-couveuse nous tenait dans une incubation forcée et acceptée, bien avant que quelqu'un lui applique le sobriquet d'*inculcante*. Celui-ci traduisit bien cette forme d'éducation systématisée conçue pour elle, avec un raisonnement à elle, davantage technique que maternel ou, hélas, affectueux... Une vision quasi économique avec une expression planifiée et indéfectible. Il s'agissait bien d'inculcation. Certes, cette forme d'éducation nous laissa, tout compte fait, d'assez bonnes manières, utiles en société mais, héritage plus douteux, une manie compulsive d'ordre et de rangement. Un méchant travers si bien inculqué qu'on allait le transmettre, tentait de l'imposer dans nos foyers, s'en faire les prosélytes intraitables, convaincus que la vie sans ordre est un chaos. Un chaos non seulement pour l'espace vital en nombre mais aussi pour l'œil et pour l'esprit. L'absence d'ordre devenait un danger pour le regard ou pour le simple apaisement de la réflexion. Un seul objet déplacé qu'il soit domestique ou décoratif pouvait devenir un tourment insurmontable tant qu'il n'était pas corrigé ; remis en place, à sa place dans une système harmonieux, pur, inamovible ou presque... tout comme le sien.

Ce qui est assez étrange, c'est qu'autant elle nous laissa son ordre et le goût de l'ordre pour tout testament, alors, que je sache, personne n'hérita de son « moi » pourtant vaste et susceptible de faire à chacun des enfants d'assez grosses parts de « moi ». Non, son « moi », elle l'a gardé pour elle, pour elle exclusivement.

Finalement un « moi », même démesuré, ça ne se partage pas. On n'en fait pas des petits « moi ». Ça ne se transmet pas non plus pour en faire d'autres grands « moi ». Un bon gros « moi », ça reste à soi et à personne d'autre. Mon « moi » est à moi, tout à moi, rien qu'à moi !

Une histoire juive me revient. Tout n'est pas de moi !

Moïse : Tout est loi.
Jésus : Tout est amour.
Spinoza : Tout est nature.
Marx : Tout est argent.
Freud : Tout est sexe.
Einstein : Tout est relatif…
Maman : Tout est moi !

De toi à moi, j'en suis à me demander si le « moi », le vrai « moi », celui de ta mère, celui de « là-bas », ne trouverait pas son origine dans la première religion du livre, au moins dans sa forme de la « Mère-Moi ». Cette « Mère-Moi » qui exerce le principe de l'enfant choisi pour soi, cette confiscation de l'enfant à usage personnel. Et, finalement, cette exaltation de soi qu'on fait passer par un autre soi à qui on imagine un immense destin, pour lequel on se croit capable de sacrifier son « moi », n'a-t-il pas le but secret, en fait, d'enrichir son « moi » de départ ?... Il faut sans doute creuser : Aller au fond du « moi » !

Par la suite, la deuxième religion du livre n'a pas négligé la mère, loin s'en faut, dans son rapport à son enfant.

Combien de scènes de la Mère et l'enfant dans nos plus modestes églises. Mais banal, rien, dans cette exaltation de la Femme de la chrétienté, ne vient signifier autre chose qu'un commun amour maternel, sans plus. En revanche cette deuxième religion a mis au goût du jour la descente de croix et, summum du drame de la mère et l'enfant : la « pietà ». Quoi de plus désespéré et désespérant que de voir sur les genoux d'une mère la dépouille de son enfant gisant. Exploit dogmatique de nos théologiens mais surtout exploit physique, anatomique et artistique de nos peintres et nos sculpteurs pour faire tenir un corps d'adulte sur les genoux d'une maman si gracile : *la sainte Vierge*.

Mais alors là, patatras, cette histoire de *virginité* relève de l'alchimie et en plus ça apporte quoi ?... Je crois qu'en fait nos théologiens en ont pris conscience mais un peu tard, puisqu'il aura fallu attendre le milieu du XIXe siècle pour qu'on nous propose le dogme très séduisant de l'immaculée-conception. Là, je dis bravo... Je suis sûr que ta propre mère aurait aimé se l'appliquer. Est-ce que tu te rends compte : naître sans le péché originel, sans tache, *grosso modo* parfaite, pratiquement irréprochable ?... C'était tout à fait elle. Une robe taillée sur mesure, blanche avec un peu de bleu. Le tout dans une brume pyrénéenne, un peu comme l'apparition de la grotte à une petite béarnaise très inspirée. Tout pour être d'emblée béatifiée ! Comment ne pas y avoir pensé plus tôt. T'inquiètes, le catholicisme est un monothéisme d'une grande plasticité, conformable à son époque quelle que soit l'époque. Bernadette et l'immaculée sont contemporaines. Elles étaient faites pour se rencontrer. Le hasard fait bien les choses. Il a ses entrées à Rome pour les avoir faites éclore au même moment. Assurément quel scénario !

Mais le plus formidable dans la souplesse neuronale de cette religion monothéiste c'est certainement d'avoir laissé se développer les saints patrons assez souvent loco-régionaux, de culture et de nom…

Ah, les saintes patronnes, voilà ce que l'*inculcante* aurait aimé exploiter dans son règne maternel sur la Terre avec inspiration au Ciel. Patronne, sainte patronne mais garder surtout patronne : l'idéal pour gouverner et nous inculquer que tout se règle par la lutte. *Il faut lutter*. Même les bons ouvriers doivent apprendre à lutter. Une vertu cardinale pour la paix sociale d'une bonne patronne. Dans sa petite entreprise chacun lutte à sa place grâce à l'énergie-salaire de tous. S'endormir je le veux mais surtout ne se réveiller que pour lutter ! Une évidence : « dans la vie, il faut lutter ». Tu l'as entendu à chaque fois que tu as entendu ta mère parler, non seulement dans un contexte d'éducation mais dans la moindre phrase du courant, comme à chaque coup de fil. Depuis combien de temps ?...

Certains pensent que les femmes ne savent pas faire avec les enfants… On voit des pères, aujourd'hui, calmer avec talent leurs enfants les plus turbulents comme les plus malheureux. Alors une nouvelle place pour les pères inculcants ? D'accord, mais si les femmes sont maintenant si peu douées avec les enfants on se demande pourquoi est-ce qu'elles en font ?... On a l'impression, de surcroît, qu'elles comptent fermement continuer à en faire… Veulent-elles enfanter ou faire « mère » ? Tu y vois une différence essentielle !... Mais chez ta propre mère as-tu observé une distinction entre les deux ? Un schisme, toi qui ne regardes que son effet-mère, rappelle-toi qu'elle t'a enfanté dans la douleur. Ça peut, un détail de cette taille, créer des liens, un sens de la possession ou quelque chose de plus fort et moins abstrait que tes très subtils raisonnements que je finis par trouver cyniques. Purement cyniques. Froidement cyniques. Une génération d'enfants a appris grâce à l'arrogance verbale de formules inculquées que l'avenir n'est qu'une lutte, que –rassurons les pessimistes – tout s'aggrave et pire, tout empire pour les satisfaire. L'angoisse les fait vivre.

Alors luttons et attendons le pire ! Sauf toi, bien sûr, tu nous a déjà dit que tu détestais l'effort le travail, la lutte. Tes efforts sont souvent consacrés à des futilités, des curiosités inutiles mais tu y trouves du plaisir. C'est ton seul but. Valeur-plaisir… Un exemple avec le début des magnétoscopes : tu t'es échiné à faire fonctionner, malgré ton éternelle incapacité pour ce qui est technique, le bouton « arrêt-sur-image » pour enfin connaître le prénom de l'inspecteur Columbo. Une seule solution car il n'est jamais prononcé dans la série télé par quiconque dans les dialogues : figer l'image quand Columbo présente sa carte de policier. Rares moments. Tu es content de toi ! Tu le sais : il se prénomme Franck. Et alors… La belle affaire. Qui veux-tu que ça intéresse une seconde ?...

Tu t'es beaucoup spécialisé dans le futile avec une belle énergie. Tu as passé ton temps à quitter une chose pour en faire une autre. Je peux te le dire ta quête de l'impossible n'a été que la quête de muses : Poète pour une petite vendeuse en parfumerie, peintre pour les yeux d'une archéologue, écrivain pour les fesses d'une frimousse béarnaise. Tu aurais voulu qu'elles t'admirent, béates et stupides. Hélas tu les aimais intelligentes et elles n'étaient pas muses, prêtes à vivre, non pas en duo avec toi, mais en trio : toi, ton art et elles. Les vraies muses se cachent dans l'ombre de l'artiste et finissent par monnayer leur succès ou partir, avec ou sans le succès, butiner, avec des bourdons plus classiques, leur reste de charme énigmatique et effarouché. Dans la sécurité elles peuvent devenir *mère* et cesser d'être des sujets évanescents avec pour seule existence celle de leur présence. C'est trop d'attendre que leur artiste de mec les immortalise … Leur rêve n'est pas là. Elles réfléchissent. Tu t'en méfies ! Avec des cadeaux ou des surprises, elles veulent simplement jouer, s'amuser. Elles ne sont pas, elles, mélancoliques. Alors qu'elles inspirent des êtres souvent désespérés. Personne ne préfère les tristes… Tu as fini par le comprendre : il suffit de les faire rire et de s'y consacrer chaque jour avec générosité. Le vrai miroir à bonheur c'est le rire qu'elles te renvoient. Tu ne vas pas, en plus, réclamer de l'admiration qui ne nourrirait, en fait, que ton ego, pas le leur ! Si tu te cherches ce n'est pas chez les muses que tu trouveras ton salaire du « moi ». Ce ne sont pas des monitrices à vocation de développer le « moi » des autres, ou alors elles sont elles-mêmes artistes et inventent les « moi » en va-et-vient, les « moi » en chambre d'échos à double ego et, les moi en couple sont nécessairement affrontés : c'est sans issue… Non, un vrai « moi » doit savoir se nourrir de lui-même, de sa chair à soi, de ses histoires à soi. En ne volant rien à une muse unique on peut voler plus large… voler tout le monde et, gratuitement… Tu l'avais compris ?

Mais je ne suis pas certain que tu aies réalisé la fin définitive des muses. Où les cherches-tu encore ? C'était déjà fini du temps de ta mère. Réfléchis, il est tout à fait possible que cette femme ait pris de l'avance sur ton temps. Et si elle avait été cette figure emblématique de la super-femme. Oui, une sorte de « Surfemme » comme d'autres parlent de « Surhomme » dans des textes aujourd'hui sans contexte mais qui eurent des contextes et pas des moindres tel que le pangermanisme et autres idéologies prônant la soumission à la volonté de puissance pour éviter aux foules le libre-arbitre qui fait hésiter entre l'ennui ou la souffrance… Fâcheux dilemme quand la grande exigence du « Surhumain » est celle de surmonter l'homme. Ta mère en cela a pleinement réussi sans la plus petite hésitation ! Pense que ta mère est surhumaine et personne ne songera à te contredire !

Chez elle il n'y a rien de hasardeux. Elle a ce vouloir-vivre qui fait sans cesse reculer tout ce qui en elle veut mourir. En revanche elle n'a aucune faiblesse pour ceux qu'elle plonge dans la dérision ou la révolte douloureuse… Rien d'une muse dans cette vigueur dont la volonté s'aiguise quand le fardeau devient lourd et pesant… L'adversité comme levier : ce qui ne la tuait pas la rendait plus forte…

À force de vilipender ses proches, elle s'est construite une carapace d'insensibilité à tous les tumultes. Peu de choses l'atteignent. Elle possède vis-à-vis de l'extérieur des résistances acquises pour ne craindre aucune attaque et rester en position forte pour décocher ses flèches… Et avec son « moi », elle ne craint personne… Vas-y, ose penser à ces idéologues totalitaires qui se permettent de justifier la terreur et les crimes de la terreur au nom du bien commun ! Ils sont capables, par une étrange accélération de l'histoire, de devenir des criminels tout en se pensant comme des bienfaiteurs au service de l'humanité. Du culte du « moi » au culte de la personnalité ils peuvent à peu près tout s'autoriser… Leurs crimes sont à l'avance excusés par leur objectif d'humanité généreuse.

Il en existe encore de cette variété de fidèles dont le cœur bat pour le communisme ! Même après avoir eu connaissance des méfaits de Staline, ils ne se contrediront pas. On ne revient pas facilement sur son « moi » quand on croit en soi… qu'on est sûr de soi… surtout lorsqu'on s'est fait soi… soi-même, soi tout seul. Et toi, qui t'as fait toi ?...

Tu le sais : on n'est jamais seul avec sa mythomanie. Une des rares maladies que n'aggrave pas la solitude, ni même l'influence de l'Histoire sur les esprits fragiles. Crois-moi, c'est une pensée juste dont il convient de protéger la sublime quintessence.

Pourquoi retoucher l'Histoire et aller jusqu'à prétendre qu'on nous aurait inventé quelques siècles pour rendre plus convaincants et plus *inculcante* notre chrétienté. Balivernes d'historiens « récentistes » qui ne trouvent pas d'autres explications à un trou architectural entre le « romain » et le « roman ». Ce n'est pas une raison pour nous contester le calendrier et prétendre que la chrétienté est une vaste fiction entreprise par les papes d'Avignon pour enrichir l'histoire du christianisme entre le IVe et le XIVe siècle… Une complicité achevée avec quelques dynasties de souverains, eux aussi, en mal d'ancienneté, et de vieilles branches d'Histoire tout court. Un honnête labeur avec les savantes communautés monastiques dont certains moines dits « pères platoniciens » car ils lisaient le grec et le copiaient avec imagination. Un fantastique prétexte : la catastrophe cosmogonique et l'astéroïde qui détruisit tant de cités et de cultures au milieu du XIVᵉ. Ce cataclysme de 1347 génèrera une telle peur chez les peuplades analphabètes qu'il fut simple aux théologiens d'inventer l'enfer et de lui trouver un rédempteur. L'art de la crèche provençale leur souffla un début pour une naissance divine et la suite… Un travail assez génial puisqu'il allait combler un hiatus de 6 à 7 siècles, ou comment avec 3 siècles de Moyen Âge en développer une dizaine… Dur à entendre dans le Landerneau des historiens mais pas qu'eux ! Impossible vraiment de toucher à ce point les fondements de notre civilisation. On va être perdu sans cette structuration de toutes nos vies… Déjà que nos institutions nous lâchent les unes après les autres. Avec toutes ces nouvelles libertés on ne sait plus qui on est. La barbe !

Qu'on nous laisse nos dates, nos repères, nos petites croyances, tout ce qui nous rassemble et nous ressemble, sinon même un très grave égocentrique n'y retrouvera plus ses siècles, ses années, ses heures, pire : ses « Moi »… Alors non, pas ça ! Les hommes préfèreront encore longtemps une fiction qui les sécurise… à une révélation qui terrorise !

Je sais que tu en as parlé à Roland, oui, le forestier qui te fournit le bois. Je n'étais pas très loin de votre table dans ce restaurant ouvrier du Béarn, copieux, gras et goûtu au point que dès le premier plat on ne sait plus si ce sont les betteraves ou le vin qui a goût d'ail.

— « Arrête, disait-il, avec sa mouchette arrogante de gascon, moi je suis intime avec la boulangère ! La dernière fois, je lui ai demandé si elle avait du pain sans céréale… Je rigolais, con ! Elle, pas putain ! Alors elle a souri et là, j'ai compris, con, que quand une femme elle a envie de toi elle te mange, eh, con ! »

Bien sûr, avec ce genre de gaillard tu souffres un peu... Ton seuil de l'obscénité est vraiment très bas ! Je te voyais regarder une cliente, celle qui arrive toujours seule et très tard et je suis à peu près sûr de ce que tu pensais en la regardant. Certains visages ni très beaux ni très intelligents s'illuminent par le miracle du simple déploiement de la blancheur d'un sourire... Je te connais ! Toi tu traques le phénomène derrière l'émotion. Tu compliques ! Alors évite certains sujets avec Roland. Oh, je l'ai entendu te répondre !

— « C'est quoi ces conneries d'historiens. Des histoires longues comme le mois de mai, con ! Celui qui a écrit ça doit être très vieux... il n'a plus que la langue de bonne ! »

Il n'a peut-être pas tort ton Roland ! Le promoteur de cet étirement du Moyen Âge pour y loger la chrétienté est aussi celui qui prône l'hypothèse que nos cousins les grands singes, auraient été bipèdes avant de devenir quadrupèdes par leur fréquentation des arbres. Le bazar chez les paléoanthropologues ! Le bazar chez tout le monde : ces « préhumains » ne seraient même pas nos ancêtres ! On rêve.

Le Moi
Chapitre II

« Ah, bonjour mon grand… C'est bien que tu m'appelles… C'est un réconfort pour moi qui suis tellement limitée par mes handicaps. Non seulement, je n'y vois plus, mais toutes ces chutes m'ont beaucoup fatiguée… J'ai des douleurs aux épaules… Vraiment je suis très handicapée et je ne peux pas toujours demander à ces femmes qui s'occupent de nous… Je dois lutter et assumer mais c'est très dur… Ici, tout le monde admire mon courage, ma force de caractère… »

Ça y est, la dialectique en boucle s'était mise en marche… Le moteur à trois temps : temps un, les plaintes, temps deux, la belle âme morale, temps trois, le mérite autoproclamé. Autrement dit, temps un, je souffre mais en silence : *Exemplaire*, temps deux, je ne dérange pas, je respecte les autres : *Modèle*, temps trois, ma valeur est reconnue : *Admirable*. Les trois temps immuables pouvaient se développer en spirale sans fin avec pour pointe sèche du compas : son « moi » central.

Le principe de base était respecté. Après tout c'est vous qui demandez de mes nouvelles, alors je vous parle de moi. Élémentaire, non ? Façon de nous dire : c'est vous qui prenez le tragique au sérieux !

— « Ah, c'est vraiment bon de discuter, ça me fait du bien. Car lorsqu'on est âgée comme moi, que mes fils ne m'appellent pas, il faut que j'assume toute seule et avec tous mes handicaps : ma vue, les douleurs, Cécilia qui ne vient qu'une fois par semaine… Il faut que je tienne moralement. Les gens n'en reviennent pas de me voir encore autant de force morale pour faire face… Et, il ne diraient pas ça, sans raison… C'est tout ! »

Tant qu'il n'y a que le ron-ron du moteur à trois temps il suffit de se laisser bercer en ponctuant, par-ci, par-là, d'une approbation plus ou moins étonnée :

— « Oui, ou, c'est vrai ?... »

Facile de s'abandonner à son rythme narcotique, car son vocabulaire est toujours aussi riche bien que répétitif. L'élocution est remarquable. Si l'on excepte un chevrotement ou un souffle rapidement réprimés, la respiration est bien posée, donnant un rythme paisible. Mais tout cela participe à amplifier ses bouches raisonneuses et le vertige de ses allégations. Cela empêche, au bout du compte, d'en retenir un semblant de sens nouveau et de différencier une communication téléphonique de la précédente. Si ce n'est… quelques spectaculaires outrances :

— « Ta sœur est à nouveau hospitalisée… mais, tu comprends, je ne peux pas l'appeler… De moi-même, je ne peux plus composer un numéro… L'âge, la fatigue, les soucis… Beaucoup trop… c'est tout ! »

C'était parti. Pourtant, la dernière fois, elle disait avoir appelé son banquier, puis Cécilia, puis le cousin notaire pour la vente de son appartement, qui n'avançait pas : un téléphone très sélectif.

Ma sœur, très zélé contrôleur des impôts, en avait attrapé plus d'un et pas des moindres (chanteurs célèbres, grands artistes) dès sa première année de fonction… Depuis je m'étais dispensé de suivre ses exploits glorieux de prédateur… Satisfactions illusoires : la prise d'un gros poisson ne vous confère pas la moindre miette de sa gloire. L'avait-elle compris, maintenant qu'arrêtée par une méchante tumeur au cerveau, elle disparaissait un peu davantage à chaque hospitalisation. Ses jours étaient hélas, comptés. Ma mère pendant ce temps comptait ses sous.

Par ailleurs j'avais appris la veille que, ma mère, appelée par une amie de ma sœur, présente dans sa chambre d'hôpital et lui proposant gentiment de la lui passer au téléphone, l'aurait refusé tout net : son âge, sa fatigue, ses soucis… Même couplet.

— « Ta sœur m'a gâché la vie. Et ce n'est pas fini. Son fils est passé me voir pour récupérer certains meubles et objets du déménagement après que l'antiquaire nous ait débarrassé des bahuts et armoires. Il s'est servi et, depuis, pas un mot : ni bonjour, ni merci. Tu comprends, toi, mon grand. Je ne juge pas !... C'est tout ! »

Si je comprenais ? Autre sursaut !... Après avoir détesté

ses enfants elle s'en prenait à ses petits enfants, avec une rage plus forte encore alors même qu'elle ne les connaissait pas. Pour la très simple raison qu'elle ne les avait.. jamais reçus. Sur les huit petits-enfants qui auraient pu animer ses trente années de veuvage seuls les deux aînés de mon frère avaient fait un vrai séjour chez elle assez vite raccourci. Elle m'avait expliqué : compte tenu de sa fatigue, précocement présente dès la cinquantaine, elle ne pouvait pas à la fois faire « la nurse, l'institutrice, la cuisinière… » Ses ressources physiques n'étaient plus les mêmes malgré sa grande force morale… Déjà !

Pour faire bonne figure, j'opposais un rire sot à mon effarement. Pourtant j'étais bien incapable de lui communiquer un soupçon d'enthousiasme. Impossible de lui demander pourquoi elle montrait, ce qu'il faut bien appeler une volonté d'entamer un vide d'affection. Comment, sans personne à aimer, se préserver de l'inéluctable solitude de l'âge… J'avais, dans le doute, du respect pour ce renoncement voulu sans bien savoir si elle s'enfermait, par pénitence, dans le souvenir de mon père… Peu probable ! Elle n'exposait aucune photo de lui, ni même aucun objet qui lui ait été précieux et entretiendrait un semblant de présence. Tout ce qui lui avait appartenu avait disparu. Éliminé comme dans cette damnation mémorielle des empereurs déchus dont toutes les traces à Rome ou ailleurs étaient détruites, famille comprise.

Alors elle se retirait, peut-être à la façon de ces moines réguliers cherchant dans le dépouillement, le confort spirituel, pour se mettre à distance d'un monde chaotique sur lequel elle n'aurait plus de prise directe et tout simplement pour s'en défendre entre quelques murs et ne plus voir le ciel ? Situation propice à la méditation sur soi, ou à la lecture... Peu vraisemblable aussi, tant dans son décor très ordonnancé, aimablement figé dans un ordre harmonieux, rigide et immuable, les livres brillaient par une totale absence fort ancienne. Pas même un journal, ni quotidien, ni hebdomadaire, alors, écartée l'activité de lecture, il restait la pure méditation sur soi-même : une attitude tout à fait respectable, observée du haut de mes trente cinq ans. Et si elle abordait la soixantaine, en espérant la Fin ?... Partir, de sa volonté, rejoindre sagement sa mort pour ne plus l'avoir en face à face mais définitivement de dos. Une façon, tout compte fait, de se l'approprier pour elle...

Je réalisais vite la vanité de la philosophie que je lui prêtais. La réalité était modestement plus simple... Ordinaire à mourir...

Je le compris un matin en lui proposant de la rappeler pour ne pas la déranger l'après-midi, elle me signifia fermement :

— « Surtout ne m'appelle pas à partir de quatre heures, j'ai une conversation avec madame Rancourt ! C'est prévu comme ça... c'est tout ! »

Il devenait clair que son système de vie n'avait rien de solitaire mais semblait régi par un ordonnancement du même type que son décor et qu'il tournait autour des cycles de visites, réceptions et communications téléphoniques, lesquelles entretenaient une longue conversation au planning très élaboré. C'était, à l'évidence, un petit va-et-vient dont les péripéties ne devaient tourner qu'autour de confidences, de potins, de grandes généralités de la vie desquelles elle excellait à extraire des morales péremptoires, interdisant à ses interlocutrices toutes contradictions. Ses amies n'étaient que le réceptacle où elle se libérait, elle, en attendant en retour d'être éclairée sur elle… Elle utilisait l'amitié à l'envers, sans exploiter les vertus généreuses de l'échange, sans le cadeau de deviner l'autre, sans l'ouverture et l'espace qui vous éloignent de la prison du « moi ».

Son « moi » devenait davantage, jour après jour, son unique demeure sans cet espoir qu'avec un autre on meurt moins bête, même si l'on meurt quand même, dans l'immense bonheur de vieillir ensemble.

Je me rappelle qu'elle avait évoqué l'idée, puisque veuve si jeune, si ses enfants ne s'y opposaient pas, de se voir accepter les sollicitations d'un homme très sympathique et dynamique qui lui proposait de partager sa vie… Malgré notre approbation, perçue peut-être comme trop enthousiaste, elle n'en fit rien préférant, sans aucun doute, à un probable échec, l'aspect flatteur d'une démonstration de ses capacités de séduction, dans l'héroïsme du refus, par respect pour nous et la famille… Quelle famille, puisqu'elle l'avait vidée de sa substance ?

Avait-elle la pleine conscience que pour beaucoup la vieillesse ne vient pas tant que l'autre est là. Avec les derniers mots d'amour, même quand leur énoncé n'est plus qu'un mi-odre-mi-conseil : « tu n'es pas assez couvert, tu risques d'avoir froid… » ou « ne traîne pas avec cette douleur, tu devrais voir un médecin… »

L'absence de mon père faisait l'effet inverse chez elle. Elle paraissait plus jeune et plus coquette que jamais, plus autoritaire aussi. Enfin elle gérait tout dans une sorte de gaieté satisfaite. Elle n'avait ni chat, ni chien, aucune bête domestique « anti-solitude » sur laquelle elle n'aurait pas manqué d'exercer sa subtile discipline. Seul un poisson rouge faisait l'objet de fermes mais judicieux reproches qui, ne changèrent pas d'un pouce, dans son bocal, son naturel manège. Il ne dura pas longtemps. C'était sûrement trop de soucis et une fatigue de plus quand on en a, comme elle, tant subi… Elle faisait les louanges du calme intérieur ! D'où pouvait bien venir cette aspiration à la paix que quelqu'un de malaverti aurait pu, par une observation trop rapide, prendre pour une quête d'absolu…

— « Je n'ai plus la même résistance. Je me suis tellement usée dans votre éducation et dans l'amour de votre père, sans compter. Personne ne l'a jamais compris, surtout pas ta sœur… Je ne me plains pas. C'est tout ! »

— « C'est tout ! »

Cette habitude de ponctuer par un « c'est tout » bon nombre de ses phrases lui restait de sa façon de nous commander sans qu'elle envisage, un instant, une réplique ou un simple commentaire de notre part. Mais aussi, au départ, pour tenter de signifier à mon père la faiblesse coupable de son désintérêt. Chez lui, ça n'était rien d'autre qu'une tranquille bienveillance tout autant qu'un refus des sots conflits. Mon plus fort souvenir : il me donnait, à l'insu de ma mère un peu d'argent, sur le quai de la gare.

— « Ton père est un homme trop bon. J'aurais préféré vivre avec quelqu'un de dynamique, quelqu'un de plus moderne avec un caractère plus énergique, quelqu'un d'entreprenant, avec le sens du commerce, un battant… C'est tout ! »

C'est dès l'âge de onze ans, qu'elle me crut digne de recevoir ce type de confidences qu'on réserve, généralement, à des amis adultes et encore à condition d'une grande intimité. Impudique, sans aucune idée de ce que pouvait être le complexe d'Œdipe, ou autres fondements de la psychanalyse, elle avait très instinctivement découvert par quelles instillations empoisonnées, elle pourrait me monter contre mon père… Pas plus, d'ailleurs, que je n'en eus la conscience moi-même… Des réflexes de défense vis-à-vis de ses assauts de Jocaste ne me vinrent que bien plus tard. Impossible, depuis, de savoir si et comment j'avais, malgré moi, incidemment touché mon père… Si je l'avais meurtri…

J'en suis sûr depuis… Il en avait silencieusement souffert comme il avait dû souffrir aussi d'être systématiquement rabroué dès qu'il énonçait un savoir, une péripétie ou des faits d'Histoire. Le seul fait qu'elle ignore ce dont il parlait, rendait ses propos infondés, fruits étranges de la fantaisie ou de l'imagination. Avec, faute dominante et remontrance suprême de ma mère, « l'orgueil de sa Famille », péché originel dont mon père ne pourrait jamais se débarrasser. Et pour cause.

Ce point culminant des attaques de ma mère nous en avions une idée assez confuse au début. L'orgueil ?!... Pourquoi cette Famille et pas les autres ?... Puis un jour un prof de la petite école Saint-Joseph, où nous étions, mon frère et moi, nous déclara violemment, sous le coup d'une colère froide :

— « Vous, toute la famille vous êtes bien tous pareils. »

Le propos n'était ni justifié par une mauvaise note de ma part, ni par un écart de mon cadet. Mais plus sûrement par un regard insolent dont je l'aurais toisé. Il fallait alors comprendre : « pour qui vous prenez-vous ?... »

Mon père averti de la réflexion, se sentit partie prenante du jugement, ne fit rien pour le rencontrer, mais finit par croiser en ville, celui qu'il nous décrivit comme un petit roquet... Placidement, il nous conseilla de ne pas relever ce genre de détail. Il laissa s'échapper un murmure à peine audible : « une autre planète » avec une suite qui se perdit dans des reniflements contrariés. Pas plus...

Sage précaution, pour ne pas tendre à ma mère la perche rêvée, offerte par un allié de circonstance, qui lui aurait peut-être permis, compte-tenu de la rareté des éventualités de délivrer, face à tous les enfants, un commentaire étayé et développé sur « l'orgueil de la Famille »... De mémoire, elle n'eut pas d'autres occasions de le faire et dut se cantonner, faute d'un plus large auditoire, à instiller le message par ses petits colloques singuliers dont elle avait le goût. Ses confidences malsaines très individualisées et secrètes, je peux affirmer, aujourd'hui, qu'on n'en sortait pas indemne... Ce n'est pas une question, ou non, de résistance mentale. À moins de quinze ans, on prend tout sur la pellicule sensible et, bien classés, au fond on conserve à vie les négatifs des photos... Cet art de ma mère, de nous imprimer ses angoisses était loin d'être éphémère. Fragiles, impressionnables, nous formions le terreau fertile pour accueillir les semences de ses secrets amers et pour en cultiver les fruits à toutes les saisons. Récolte assurée !

Mon père m'avait par chance livré, adolescent, l'antidote-testament susceptible de cicatriser les empreintes profondes de l'*inculcante* :

— « Laisse parler ton nom… Et, dans la vie, ça ne pourra que te servir… »

Une phrase simple, sans ambiguïté, mais que je mis des années à élucider pour finir par y voir, à la trentaine, un éloge précisément, de l'orgueil, en ce qu'il avait de moteur. Quelqu'un me l'avait exprimé de manière différente et plutôt comme une vertu :

— « L'orgueil, ça vaut un diplôme. »

Cela me frappa de plein fouet. Une prise de conscience tardive que je ne traversais pas la vie, en troisième classe grâce et du seul fait d'être né où il fallait, quand il fallait… Je n'avais pas à quitter les rails désignés. Une vie dans un tunnel ça vous limite à rencontrer les mêmes… et pas les autres. Inutile d'essayer, vous êtes téléguidés. Dire que certains en sont encore à débattre sur l'acquis et l'inné. Les jeux sont pré-déterminés. On a définitivement clos le sujet avec l'ADN de Crick et Watson, Nobel 62 et l'ARN messager de Monot, Nobel 65... Alors, en voiture ! Ce train est sans arrêt pendant toute votre destinée… Nous demandons aux passagers de ne rien jeter sur les voies… Nous rappelons qu'il est dangereux de se pencher par la fenêtre… Merci de votre attention… Nous vous souhaitons bon voyage…

« Sur cette ligne, restons groupés ». Papa avait bien raison… Aujourd'hui je le sais. Je n'ai eu qu'à l'éprouver sans trop bouger : beaucoup de joie de vivre, un rien de naïveté et tout semble vous être naturellement accordé… Il y a comme une bienveillance générale de principe qui s'accomplit presque en tous lieux. À une exception près : certains bars où l'on vous fait vite comprendre que vous êtes intrus. Cette perception, d'être craint et détesté à la fois, provoque l'étrange sensation qu'on vous couperait bien la tête. Se trimballer dans la vie avec une tête à se faire couper la tête : un fatal revers de l'orgueil. À croire qu'il est perceptible sur sa seule physionomie bien avant de s'exprimer. Phénomène assez curieux que de se trouver à l'aise dans un certain monde et « coupable » dans d'autres, sans pourtant souffrir d'une apparence ou de signes extérieurs flagrants. De quoi se poser des questions sur soi : un style, un comportement, quoi d'autre ?... Une interrogation somme toute fugace, rien qui vous tracasse ! Il suffit d'avancer en admettant que, pour le reste, le chemin est tout tracé. Que le destin ne joue pas de tour trop aventureux si l'on se laisse porter dans son courant sans en sortir. Ambitieux s'abstenir… Tout ici est indolence… Rien ne se fait dans la souffrance ! Evitons les douleurs de la conquête laborieuse et méritante d'une réussite sociale chèrement acquise… pour un accès légitime à un luxe admirable mais superflu, souvent ridicule.

L'important, ce ne serait pas d'être « arrivé » mais, davantage, d'être bien « parti ». Ce n'est pas après s'être fait des ailes qu'on pourra, alors, se faire ensuite des racines… Stupidité chronologique ! On peut accepter qu'un homme sans valeur gagne de l'argent mais qu'un homme de qualité s'enrichisse, c'est impardonnable.

Voilà ce que ta mère n'avait jamais su comprendre et qu'on ne pourrait jamais lui expliquer. Ton père avait gardé des manies seigneuriales. Il était resté comme son père à lui, un gentilhomme de campagne, brut et aimable, d'un caractère gai et finalement doué de cet esprit gaulois qui rend agréable même la médiocrité. Ton père avait le « sens de la Terre » » mais en rupture avec la manière aristocrate qui veut qu'on ait de la religion. Quand on avait tenté, dans son éducation religieuse, de le situer au-dessus, il était naturellement retombé les pieds sur terre. Sa « terre-ferme ». Aujourd'hui il n'avait ni terre, ni ferme mais il gardait intact son attachement à sa terre-ferme. La nature était sa seule loi. Le hasard remplace le destin pour celui qui ne compte que sur soi, sans quête d'éternité inaccessible et vaine.

Pour lui la religion devait être une sorte de sécrétion mentale de l'humain inapte à assumer sa condition de mortel perdu dans un cosmos qui lui renvoie sa pitoyable inanité personnelle.

La foi, sa mythologie, ses textes, ses rituels, ses récits, ses fables comme ses pratiques lui semblaient de purs produits de l'angoisse existentielle de l'homme qui refuse d'être animal et se prive de la lucidité du moment.

Ton père avait ce quelque chose d'animal. Est-ce qu'un rouge-gorge ne s'est jamais cherché une vie après la vie ? Foutaises ! Il sait, lui, pourquoi vivre sans recours à une spiritualité encombrante.

Ton père était-il athée ?... Sûrement oui, si l'athéisme n'est pas une croyance mais simplement la somme de quelques savoirs concrets, dont celui d'accepter sa fin et de se délester de trois paquets lourds et dérisoires : le désir de posséder, la soif de tout maîtriser, l'ambition de devenir… Avoir, être et transmettre n'était qu'une problématique de cet excès de civilisation qui ne vous fait pas seulement perdre votre instinct mais, plus grave, votre « élégance » dans la fréquentation d'autrui, votre courtoisie.

Paradoxe qu'une certaine bestialité domestiquée vous rende plus aimable à votre prochain, l'orgueil aidant, que de savantes et cérébrales recherches à finalité de domination à peine dissimulée…

Débarrassée de toute idée de salut par la seule grâce de Dieu, la nature était la passion de ton père, elle était tout son souci. Il s'entretenait avec elle de façon désordonnée mais exclusive y compris de ta mère…

Difficile de savoir quelle place réelle il donnait à ta mère… S'il était avare de sentiments, il ne l'était pas de compliments. Il l'aimait à coup de compliments. C'était son langage… On aime une femme parce qu'elle est belle mais, le plus souvent, c'est, parce qu'elle se sait aimée, qu'elle embellit. Si de surcroît on lui dit qu'elle est belle il y a de fortes chances qu'elle le demeure et durablement pour peu qu'on entretienne le feu des flatteries vivant… Chez ton père ce comportement était chargé de malice mais rien ne pouvait laisser penser qu'il y avait un calcul de Pygmalion. Non, tout semblait naturel et sincère, sans affectation, sinon la forme de courtoisie un peu appuyée qui peut parfois passer pour l'inverse : un certain mépris… Une manière paradoxale de politesse dont on ne se sort souvent qu'à son détriment. Un méfait de plus de l'inculcation comme, lui aussi, devait en avoir reçu son comptant… avec, de sa génération, une mère ou des tantes, elles aussi inculqueuses, dans le style de son époque, bien sûr !

Reste que ton père n'avait pas de légende, qu'il n'était pas doué pour se mettre en scène…

On lui avait surtout appris à se taire. Ce qui peut paraître aimable mais qui ne veut pas nécessairement dire qu'on aurait, par voie de conséquence, appris à écouter… On ne se tait pas pour écouter ici. Tout le contraire de ces personnes qui n'ayant pas grand-chose d'intéressant à dire prennent le parti de se moquer de celles qui précisément disent des choses intéressantes… Tout ça, sûrement, pour faire l'intéressant…

— « Pourquoi ne parlerais-je pas de moi puisque mon « moi » n'est pas soi ? »

Certains développent leur « moi » par emprunt de celui des autres et dans un grand brouhaha, ils se distinguent à leurs yeux et leurs oreilles par l'air qu'ils déplacent. Ne pas croire que c'est une manière de vivre plus méridionale, non, c'est une véritable stratégie d'araignée : attraper beaucoup de « moi » des autres, du rire des autres, de l'esprit et se les digérer à seule fin de constituer les siens à soi. Tous ces excès de rires, ces excès de joie, ces émerveillements indus ou ces critiques fleuves, ne sont que les éléments de leur grande toile à piéger du « moi ». Ils en ont sans doute peu pour être si voraces des « moi » de ceux qui les entourent… et les supportent.

Voilà des « moi » qui se construisent dans les simagrées,

dans l'enflure et l'exagération des sentiments mais le plus souvent dans l'étouffement des autres, dans un long désenchantement du monde duquel, pour se sauver, il vaut mieux participer. Se faire complice sincèrement ou approuver docilement sont les deux portes de sortie, si l'on ne choisit pas la simulation et ses complaisances faciles, là aussi, peu d'issue pour échapper aux chasseurs de « moi » et leurs étranges safaris. Eux ne plaisantent pas avec leurs destins. Ils le travaillent dans une logique planifiée. Chaque moment, chacun de leurs actes est ponctué par un « donc » et en entraîne un autre, vers un autre « donc ». Ils marchent de donc-en-donc et finissent par se tracer une ligne de vie rectiligne dont personne ne peut soupçonner qu'elle masque des courbes et des bosses qu'ils s'appliquent à aplatir ou à congédier derrière les vastes palissades d'invisibilité de leurs congénères. Pour gagner leur proie quotidienne c'est chaque matin qu'ils refont leur toile, qu'ils empilent un nouveau « donc » dans leur logique de fil-à-fil, de donc-à-donc. Ils tissent, donc ils sont… C'est tout leur art de l'attrape-moi. Avoue que c'est un peu du pousse ton « moi » que j'y mette le mien. Ils le disent : « on a rien sans rien ! » Ils sont simples et logiques mais savent-ils qu'ils doivent leur « donc » si précieux au vieux Grec Aristote qui, l'inventant, posa la pierre essentielle de toutes « logiques » ?… Je crains bien que non. On les comprend !…

Ce serait l'enfer de se soucier du nom de l'inventeur de nos raisonnements, comme de celui de nos outils, ou celui de chacun des progrès de l'homme que quotidiennement nous utilisons. Alors, là, on n'aurait plus une seconde pour s'occuper de soi. On assisterait à une hécatombe des beaux « moi ». Autant ne pas y penser ! Je ne sais pas ce que tu en penses, mais il y a des occasions où vraiment il faut cesser de penser au reste et se concentrer sur son « moi ». Sauve qui pourra : « les « moi » des Femmes et des enfants d'abord ». Sélection cruelle, si l'on veut préserver l'espèce… Rassure-toi, le « moi » n'est pas en voie de disparition. Les « moi », crois-moi, auront toujours raison ! Ils ont cette capacité de savoir rester soi-même tout en devenant un autre « moi ». Ils passent en quelque sorte de « moi » en « moi » très librement. Et, si tu prends en compte leur communication par Tweeter ou Facebook tu comprends que toute volonté de les limiter ou de les dominer se heurterait à leur nombre… Tout « moi » peut devenir Big Brother mais, en même temps, aucun « moi » ne peut l'être. C'est la paix du net. Une nouvelle paix… Une paix de « moi » dans une Société de « moi » fondée sur une égalité sans homogénéité sinon quelques petits groupes de semblables qui limitent la capacité des petits « moi » à exprimer leur singularité. De toute façon, tu seras d'accord avec moi. Dans une société « d'indifférenciés-se-pensant-différents », se différencier c'est immédiatement s'exclure et, en plus s'exposer gravement à la bêtise des gros « moi ».

Oui, tu ne t'en rends pas compte, toi qui ne chattes pas sur net, mais ce génial moyen de communiquer, à égalité de moyen et à égalité de chance, n'a pas sonné la fin de la bêtise.

Tu sais cette bêtise qui ressemble tellement à une méduse quand tu prends un bain de mer. La méduse, comme la bêtise, agit par surprise : tu ne la vois pas, elle est transparente, elle n'a aucune consistance mais dès qu'elle t'a piqué tu perds tout ton aplomb, tu peines à répliquer avec à propos sous la douleur paralysante.

Ça y est, tu comprends la métaphore ! Des cas « médusants » vont te revenir très vite où tu t'es retrouvé les bras ballants, sans réaction, après la « morsure » d'une phrase bête. Oui, parce que le terrain de prédilection de la bêtise c'est le langage. La bêtise, curieusement, est souvent contenue dans ce que nous nommons « une réflexion ». Donc, il est fort probable qu'une bêtise avant de sortir ait été réfléchie. Est-ce qu'on est bête par peur ou par paresse ou les deux ?...

Bon, j'arrête, je rentre au bercail ! Il est temps que je cesse d'interrompre ton action et celle de ton récit pas d'interminables digressions. D'autant plus malvenues qu'elles débarquent entrecouper le sujet des sujets pour les écrivains : leur mère, leur petite-enfance. Après quelques succès de librairie, ils craquent souvent et se lancent dans l'aventure périlleuse, et disons-le, casse-gueule, de faire un livre sur leur mère qui, en fait, n'est qu'une variante de l'autobiographie. Courage !... Bon, promis je m'éclipse. Je te laisse à ta famille pas comme les autres, à ton enfance pas comme les autres, forcément pas comme les autres sinon, bien sûr, tu ne te serais pas trouvé des raisons valables d'en inventer une autre, vraiment pas comme celle des autres... D'accord, j'en fais trop ! Je dérange, mais tu ne peux pas me reprocher de manquer de lucidité ni même de culture. Ah, oui c'est vrai, je reconnais que j'ai tendance à l'étaler. Pardon ! Je te laisse continuer ton travail de mémoire... C'est bien de se souvenir !

Se souvenir c'est continuer d'apprendre. Apprendre en

se souvenant c'est enrichir ce qui vient de soi… puiser dans ce que nous avons déjà fait nôtre. Et, « tel est appris qui croyait apprendre... » car le recours librement consenti à l'apprentissage actif favorise, à son tour, la mémoire. C'est un cercle vertueux. Alors, écris et ne t'occupe pas de moi. On n'écrit jamais un livre, on s'écrit soi-même en infiltrant son « moi » dans le monde du lisible, guère plus… Preuve de plus que le « moi » n'est qu'une *fiction* affamée. Un ogre dont il faut alimenter l'appétit d'existence, et à chaque instant. Il faut, en plus, le faire en cachette sans se faire remarquer. Tu dois alimenter ton « moi » sans perdre ton naturel aux yeux des autres qui ne cessent de te guetter dans l'espoir d'un bon petit flagrant délit. Comment peut-il en être autrement… On t'observe ! Si tu n'avais pas fait vœu de naïveté en prétendant n'avoir jamais eu affaire aux problèmes existentiels mais, n'être qu'un personnage strictement « évènementiel », alors, personne ne songerait à douter de ta sincérité quand tu poses, très savantes pour toi mais sidérantes de banalité pour qui t'écoute, tes innocentes questions à vocation philosophique. Franchement, il vaut mieux laisser ça à des spécialistes même s'ils te semblent frelatés ou, parfois, tranquillement faussaires. Reste dans tes petites histoires où tu t'inventes une Famille. Au moins ça te permets de t'inventer toi-même. Pendant que tu te fais ta propre fiction tu ne t'occupes pas du « moi » des autres qui ne te regarde pas. Eux aussi ont besoin de leur jardin secret comme de leur thébaïde personnelle pour goûter une délectable harmonie à l'écart des prophètes de malheurs. Au stade simple du miroir, n'est vraiment « je » que celui qui dit « je »… D'accord ?

Quel intérêt, pour toi de fréquenter des autres qui

auraient tes idées… les mêmes ? Mais qu'ils auraient eues avant toi ? Horreur, ce serait suivi d'un effet « mouton de Panurge », tu serais, alors dans le lot des copieurs !... Des snobs. Des milliers de snobs avec leur « moi » extrêmement « snob » en plus. En évoluant du « *Sine nobile* », non noble, le mot après les grands collèges anglais devint synonyme en France de suiveurs de mode ou de mœurs : le snobisme !

Il connut une rupture mais brève : c'est ainsi que de doutes en enthousiasmes, tes élans de 68 furent la « manifestation » des réticences de cette génération à se glisser dans les moules conformistes de ta société… Tu tentais de te constituer une bonne carapace de scepticisme… Enfin bon, le septicisme est un premier pas vers la vérité !

Mais d'un strict point de vue de l'évolution peut-on parler d'un saut ? Non, comme il semble faux de dire que « les oiseaux migrent pour fuir l'hiver » : ils migrent pour profiter de l'été… et c'était peut-être déjà vrai chez leurs ancêtres reptiliens, hélas sans ailes.

Finalement, ton « moi » différencié et pas du tout comme les autres, tellement original, il est, sur cette Terre, représenté depuis le jurassique à des milliards d'exemplaires de ces oiseaux petits ou grands qui se plumagent, qui se ramagent à la même mode et qui se déplacent tous en même temps… Alors un peu de modestie ! Tu n'as pas de raisons valables de te distinguer de ton espèce. Tu en as tous les rites, tous les rythmes malgré « Les mots » de Sartre et ce mot de Montaigne : « Nul ne sait assez qu'il n'est qu'un ». Ah, cette originalité du modèle te convenait plutôt bien mais elle ne résiste pas aux avancées de la connaissance des paléontologues ! Parle-leur de ton « moi » sans besoin de solutions à des questions existentielles ! Je sens venir la réponse… Fais-toi tout petit !

Le « Rouge-gorge familier » est une des rares espèces dont le départ de migration est avant tout réglé par son propre programme génétique et pas par les conditions météo !... Satisfait ?

Le Moi

Chapitre III

Mon père cultivait l'indifférence à l'opprobre et ainsi, ne semblait jamais ébranlé. Il nous raconta une fois son évasion par le menu... Nous l'écoutions tous étonnés déjà du simple fait qu'il nous parle de lui vue l'extrême rareté des récits de sa vie passée... Notre curiosité était à la hauteur du mystère que son silence avait fini par créer autour de sa personne. En effet il n'était *personne*, tant l'envahissement volubile de ma mère l'avait réduit à une sorte de modeste inexistence, nonchalamment acceptée dans un « eudémonisme » déclaré dont le but de chaque acte était le bonheur.

Il faut dire aussi que mon père jouait de malchance. Chacune des ses histoires comportait un élément, soit drôle, soit douteux, soit exagéré ou, tout simplement, banal, qui suffisait à mettre à mal la crédibilité de l'ensemble du propos.

Par exemple, il nous racontait fièrement que pendant six

années, en tout, passées sous les drapeaux, après deux ans de service militaire, puis l'enchaînement 1940-1944, de la débâcle, jusqu'à la campagne de Tunisie, il avait réussi à rester volontairement « seconde classe ». Même ses blessures au combat ne lui avaient valu aucun grade, aucune distinction. Ce dont il se vantait, en professant un anti-militarisme de bon aloi et assumé, presque militant…

Hélas, il avait un style, un port de tête et une démarche tellement militaires que, les rares fois où nous l'avions vu être arrêté en voiture pas des gendarmes, il faisait l'objet, de la part des pandores, d'égards et de saluts respectueux bien embarrassants. C'est, furieux, qu'il devait contredire leur infaillible instinct corporatiste. Et, comme à chaque fois, ils insistaient lourdement et gentiment, cela se terminait dans la plus totale et réciproque mauvaise humeur. Un malaise poisseux gagnait tout le monde, y compris les passagers. Ce n'est pas son « ah, les cons ! » qui pouvait dissuader ma mère d'une remarque, une fois de plus, justifiée par l'empressement zélé de prendre fait et cause pour quiconque critiquait son mari…

Autre exemple navrant, il nous affirmait, sans rire, avoir appartenu toute la guerre à un régiment de zouaves, compagnie réputée glorieuse sur tous les champs de bataille ! Mais, quand, lui, continuait sur l'incroyable longueur de la bande de tissu rouge qui pour ceindre la taille convenablement nécessitait l'aide mutuelle d'un de ses collègues zouaves comme lui… nous, nous étions dans « Tintin et Milou » et la fameuse tirade du génie littéraire de Hergé où l'on voit Tryphon Tournesol, après avoir été qualifié de zouave par le Capitaine Haddock, emmener ce dernier pendant pas moins de trois pages, visiter les installations, les laboratoires, les ateliers, et finalement le pas-de-tir de la fusée d'Ojectif Lune… Tournesol, au pas de charge, ponctuait chaque présentation d'un : « et ça, c'est un zouave peut-être ?... » sans lasser le lecteur malgré pourtant une longue énumération qui, de fastidieuse, devenait parfaitement drôle et digeste par ce seul artifice : « Zouave, moi un zouave ? »

Ma mère, satisfaite, achevait l'effet balourd, au regard des enfants, par une discrète mais définitive dérision sur le zouave du pont de l'Alma dont les journalistes utilisaient la silhouette grotesque du pilier pour signifier la hauteur des crues de la Seine.

Nous avions une culture radiophonique, grâce à elle, et pas seulement sur la météo… Un moment exceptionnel nous permettait d'obtenir le droit de parler à table. Autorisation accordée aux enfants mais seulement après le fromage…

Nous avions du dessert, toujours, et, aussi, des gâteaux secs puis le droit de participer dans le calme au « Jeu des Mille francs ». Je crois que le présentateur était Roger Lanzac. En tout cas, c'est ce que ma mère avait précisé sèchement à ma sœur.

Tout le monde gardait un sacré sérieux et tentait de répondre sans grand succès… Ma mère donnait, au début, des réponses affirmées et autoritaires mais finit, assez tôt, par s'en dispenser en s'occupant à d'autres tâches, car les réponses de mon père, prononcées sans effet, modestement, s'avéraient toutes justes y compris, cas fréquent, quand les concurrents avaient échoué.

Autant le « savoir », derrière autant de placidité reste encore un mystère pour moi… D'où tenait-il tout ça … Belle revanche sur ma mère qui, là, ne pouvait pas louvoyer, et chercher par quelques arguments tordus à prendre le dessus sur notre père. Une réponse était une réponse !... Roger Lanzac, le beau Roger Lanzac, ne pouvait pas se tromper.

C'était bien le seul et unique espace de notre vie familiale dans lequel, enfin, ma mère ne régnait pas en maîtresse absolue. Et je n'en connus pas d'autres. Ça restera, pour jamais, les rares minutes où mon père brillait, à son avantage, à nos yeux. Pour toutes les autres circonstances, ma mère faisait son affaire de la gloire de mon père.

Alors, le grand exemple était la narration de son « évasion » dont nous n'eûmes, malgré nos demandes répétées, qu'une seule édition après le dépit compréhensible de la première, balayée par l'ironie de ma mère… Son « moi » et sa tranquille perfidie surcréait le doute, là où, les trois enfants ne demandaient qu'à tomber dans une rêveuse aventure et s'y laissaient bercer… Outrepassant l'absence d'encouragements et son goût de se taire, mon père y était allé de son récit… Les petites touches présentées comme anecdotiques qui révélaient son caractère et sa réalité à nos yeux admiratifs finissaient pas faire bondir ma mère qui abandonnait son retrait tactique dans les tâches domestiques et, après avoir tout entendu, s'empressait de nous souligner les aberrations d'un tel conte.

La banalité des barbelés coupés, du tas de foin et, comble, les baïonnettes, tout cela ne pouvait être qu'imaginaire… les chiens hurlant, la grange et même la colique de peur, on pouvait retrouver tous ces détails dans le plus pauvre, le plus ordinaire scénario d'évasion, tel qu'on en retrouvait dans tant d'histoires publiées ou non. Elle nous assurait l'avoir, elle, entendu vingt fois de la bouche de notre père. Qu'à la première fois elle avait été séduite mais que, depuis, après quelques recherches, on pouvait facilement retrouver ce qui devait être les sources d'inspiration de mon père. Elle suggérait qu'un tel assemblage sentait à l'évidence son pesant d'emprunts... On ne l'y trompait plus. On pouvait donner foi à ces racontars si l'on voulait mais, elle, elle avait autre chose à faire.

D'ailleurs il n'était que temps de débarrasser la table puis de l'aider à faire la vaisselle et l'essuyer pendant que « votre père » irait continuer, dans la lecture de son journal, son si plaisant engouement pour les fictions, surtout les feuilletons d'évasion sans témoins... Rien d'excitant pour épater les copains à la récré. De mon père nous n'avions rien à dire qui fut original ou intéressant. Ce vide ne nous affectait pas. On ne se posait pas de questions. Ma mère, par avance nous avait fourni les réponses.

Ainsi nous ne sûmes jamais comment mon père après cette évasion « si banale » se retrouva en Algérie réfugié chez des cousins. Quelle route avait-il empruntée ? Quel type de transports ? Quelles dates ? Autant de questions qui resteraient sans réponse tant une sage pudeur lui conseilla de ne pas les détailler davantage évitant ainsi à ma mère de les cuisiner en « estouffade ».

En revanche, parce que cette époque-là concernait aussi ma mère, nous allions avoir des vécus croisés et donc autorisés sur l'Algérie de la part de parents, sur ce sujet, en harmonie.

Les cousins de mon père installés, jeunes, près de Mostaganem sur le site archéologique de Saint-Leu y vivaient avec leurs enfants. Elle, était une des premières femmes archéologues diplômées de la Sorbonne et avait été nommée là pour une mission sans limite de temps… Ils y avaient fait leur vie. Lui, était médecin, installé sur place. Depuis le début, son cabinet ne désemplissait pas mais lui laissait suffisamment de temps pour participer avec ardeur aux activités de sa femme sur ce site phénicien et romain, tant pour les fouilles menées scrupuleusement comme une petite entreprise, que pour les relevés, les rapports et les publications nationales ou internationales. Ses cousins menaient une vie passionnante et passionnée dans laquelle mon père fut vite intégré. Il allait prêter son concours aux fouilles de la cousine avec opportunité puisqu'entre temps son cousin avait été élu maire de cette petite ville de Saint-Leu et s'en trouvait avec son cabinet, très occupé.

Pour ne pas se mettre en situation de désertion mais aussi parce que c'était l'état d'esprit poignant et patriotique de certains, dans ce drame de l'armistice des Pétain, Déat, Doriot, Brinon et autres traîtres, mon père s'était signalé aux autorités et se trouva engagé au service de déminage. À part la bravoure, il n'y avait aucune « formation » de principe sinon d'être entraîné par son rôle dans une étrange hypnose du danger.

Bonheur !... C'est à cette époque que mes parents se connurent. Elle travaillait dans les bureaux de ce même service. Avait-elle eu, à cette époque, le coup de foudre aidant, un légitime élan d'émoi, ou plus, pour ce beau jeune homme sans peur, ni reproche… On peut naturellement l'imaginer mais elle n'en parla jamais. Malgré leur cohésion symbolique d'un moment, sinon à regretter que cette occupation passagère, puis son mariage, puis ma naissance l'aient contrainte à abandonner la carrière toute tracée que lui valait sa formation aux Beaux-Arts d'Oran. Le destin contrarié primait dans son souvenir sur l'évocation d'une rencontre nécessairement amoureuse. Elle se plaignait du fait que son mari, animé par un étrange patriotisme, se soit engagé dans la campagne de Tunisie, alors qu'elle était enceinte. Elle ajoutait qu'il y fut blessé très tôt par la manœuvre d'un char « même pas ennemi ». Une fois reconduit à Oran, elle eut à s'occuper de lui, ajoutant à ses activités, celle d'infirmière. Ce qui mettait définitivement à distance l'éclosion de ses ambitions artistiques dans cette Oran si brillante qu'on l'appelait « le petit Paris »...

Là où nous les enfants, nous frissonnions déjà, à tort, de l'héroïsme d'une blessure de guerre impressionnante, notre compassion se trouvait vite balayée par les flots nettement plus apitoyants de ses déboires à elle.

Imagine qu'elle était sa capacité de dévouement entre ton père quasi-infirme et son père, à elle, vieillissant, dont elle était le seul soutien... L'héroïsme avait changé de camp et la seule admiration qui vaille était celle de ses enfants toute canalisée vers sa personne, déjà tellement à plaindre. Se plaindre, se plaindre... ça devait durer soixante ans.

Son « moi » se boursouflait, s'hypertrophiait. Comment dire ? Elle était en « pléonasme » constant avec elle-même ! Elle roulait en « double-moi » en virages comme en côtes. Aucune ligne jaune entre elle et sa parano sagement installée à côté d'elle, à la place du mort, ne pouvait s'interposer dans son récit égotique : son petit mythe individuel…

Elle devenait chaque jour plus imbue d'elle et chaque jour moins indulgente vis-à-vis de mon père, de son existence ou de ses déclarations. Elle ignorait ce principe simple que la vérité d'un homme c'est d'abord « ce qu'il cache… » Elle avait grignoté la vérité de mon père pour occuper la place.

Une fois éliminée l'évasion et son récit « douteux », bien que point de départ originel de notre noyau familial, mon père avait un sujet fort à nous conter : la « chasse à courre à pied »… Pour elle on était aux confins de l'imaginaire !

L'évocation de ce souvenir valait à notre grand-père un compliment de taille chargé d'une sorte de tendresse :

— « Papa, une fois arrivé à la barrière d'un champ savait, en un coup d'œil, me dire où se tenait le lièvre, s'il y en avait un, où il était « baugé », et ça, sans coup férir ! »

Au-delà de l'expérience il y avait, selon mon père, comme un instinct chez le sien. Étions-nous des animaux de père en fils ?

— « Il m'apprit beaucoup, confessa-t-il, ému, puis ajouta : un jour, il me laissa à l'entrée d'un clos et me dit de me débrouiller tout seul, de suivre la meute lâchée, de me contenter de poursuivre jusqu'à asphyxie du lièvre… »

Ça devait être une course échevelée, un marathon ou un pentathlon si on parle en termes olympiques.

C'est seulement beaucoup plus tard que je pus réaliser

l'effort inouï que cela représentait. Il avait fallu qu'à l'âge adulte je puisse voir un documentaire-télé sur cette chasse originale dont il restait en France, selon le journaliste, un pratiquant attardé capable d'un tel exploit sportif, certainement réservé à peu d'athlètes, ou à quelques forcenés…

— « Oui, mais on ne court jamais aussi vite qu'un lièvre ou que des chiens » osais-je demander, en toute candeur et dans un hochement de tête approbateur de ma mère.

— « Certes, mais on court plus longtemps » laissa tomber mon père, tirant ainsi, définitivement, le rideau sur cette histoire, comme sur les autres d'ailleurs. Fin…

La lassitude créée par les flèches aussi perfides de ma mère ajoutées aux doutes cette fois marqués de ses enfants venaient de le gagner pour l'emporter dans une profonde résignation. Un repli finalement confortable dans une solitude démesurée, son territoire de prédilection, son élément vital, sa paix. Reclus dans son espace intérieur, il perdit toute ambition de nous faire, depuis lors, tout autre récit de sa vie d'avant ma mère, d'avant nous. Ce qui fait qu'aujourd'hui, trente ans après sa disparition comme celle de ses contemporains, il nous est impossible d'en connaître davantage. Il faut se résoudre à admettre qu'il a, de guerre lasse, emporté tout ce fourbi dans la tombe loin des sarcasmes et des réflexions blessantes. Partir pour fuir les médisances… Pauvre fin.

Sa jeunesse lui faisait du bruit mais il ne l'entendait pas. Simple innocence ?

Toutes ces histoires qu'il avait tenté de nous raconter,

loin d'être méprisables, montrent aujourd'hui à la réflexion, un étrange point commun : « le risque ». La prise de risque est là dans le « courre à pied », est là dans l'évasion, est là dans la campagne de Tunisie, est encore là dans le choix du déminage.

Au bout du compte, au-delà du civisme ou du courage, ne fallait-il pas lire un comportement vaguement suicidaire dans cette folie à accumuler les risques de toutes natures. Six ans de combats et d'engagements quand on vomit la chose militaire ne peuvent être de l'héroïsme mais plutôt une manière de révolte. De celle qui habite les personnages vigoureux de Camus presque toujours dans le bon rôle mais à « sourire inversé ». Paradoxale essence littéraire pour éteindre la violence d'un feu qui forcément couvait... Feu sur lequel ta mère si constante nous interdisait facilement de déverser les tonnes d'encens d'une légitime admiration à seule fin de protéger l'intégralité de sa domination.

C'est pourtant en épousant cette révolte que, jeunes, vous auriez pu tout bousculer. Débarrassés des prêtres ou de votre guide maternel, on aurait mis très sagement les héros à la place des dieux. Formidable hommage offert à l'héroïsme balançant définitivement celui livré aux superstitions et aux cultes religieux si perpétueurs de sottises et, au bout, de massacres innocents. Suivre votre père « Héros » plutôt que votre mère « *inculcante* » avait d'autres vertus.

Il est parti. Vous laissant peu de choses de lui et personne d'ailleurs pour entretenir le souvenir. Pour ta mère c'était un personnage insipide : de la bonté mais aucune consistance. Depuis tu as accepté une de ses rares blagues comme une manière de testament. J'aime à te la rappeler : « Si la Terre, elle meurt, où va-t-on l'enterrer ?... » Voilà !... Pour ta mère c'était navrant... Lui riait ! Vous ne compreniez pas. L'heure de l'écologie n'était pas venue. Elle l'est : le message prend tout son sens. Prémonition ou simple manifeste du passionné de nature, qui sait ?...

Pour ton père le « sacré » c'était, sans conteste, « la vie » établie sur cette planète et par-dessus tout l'homme et ce stade ultime atteint par notre espèce. Cette évolution qui est nôtre, certes pas irréprochable, semble incomparable à celles des autres branches de cet immense et foisonnant arbre généalogique. C'est ce qu'il pensait, ce dont il s'enivrait, cette « sacro-sainte vie... ». Il n'avait pas d'autre *credo*. Ni croyant, ni même soucieux de la moindre religiosité, au fond comme en surface, je crois qu'il aimait vivre ! Pourtant ?...

Au loin les chiens s'étaient tus. Je sortis de la maison pour me rendre dans les ruines en aplomb du gave. Il avait fait une pluie énorme toute la nuit. Les brumes se dissipaient, montrant le fleuve, gros, tempétueux, roulant pêle-mêle les argiles détrempées, les troncs des arbres, les corps d'animaux et des poissons morts dont on voyait le ventre argenté flotter à la surface des eaux rendues étincelantes par un soleil levant pointé dans l'axe des gorges, pile-poil !

Un de ces moments où la Terre toute puissante exprime la folie de sa nature. Pourrait-elle aller, comme le suggérait notre père, jusqu'à mourir, jusqu'à se supprimer ? Ne plus vouloir supporter ses caprices, ses colères, son tempérament volcanique ?... Ou, ne plus vouloir supporter une variété humaine dégoûtante, mal élevée, proliférant et surtout n'en faisant qu'à sa guise sur son dos. Elle avait beau secouer l'échine de temps à autre, pas plus, s'ébrouer bruyamment d'un petit cataclysme, faire des démonstrations d'impatience, à type de glaciation ou de réchauffement climatique bêtement cyclique, oh, de temps en temps, environ tous les douze mille à seize mille ans, rien n'y faisait. Toute une espèce de vie qu'elle n'avait jamais souhaitée grouillait sur sa peau et se démenait pour continuer à la coloniser. On comprend sa lassitude mais, de là à imaginer qu'elle en conçoive des idées noires, qu'elle veuille en finir, qu'elle caresse des projets sombres voire fatals, il y avait un pas qu'on refusait de franchir. Non, il devait y avoir autre chose… Si elle simulait la folie, avait-elle conscience que, pour nous, c'était terrorisant ? Si la Terre voulait nous quitter ce serait la fin du monde … Il fallait qu'elle décide de se soigner !

Cette banale plaisanterie de mon père sous sa forme apparemment basique, linéaire, sans trop d'intrigue provoquait un glissement baroque et entraînait l'esprit dans une spirale théâtrale tragique. Il valait mieux la prendre au sérieux, tout compte fait !... Depuis toujours les grands évènements étaient dirigés par des dieux alors que les hommes n'étaient jamais que de simples cacahuètes… Allô la Terre, ici l'homme !...

J'en étais là de mes divagations. Heureux, j'allais trouver, où je savais l'avoir rangé, un cadre et une photo de mon père. Son profil, son énorme nez, sa cigarette à la bouche, occupant le tiers de droite laissant entrevoir un paysage de champs et de chevaux. Une petite réparation, un simple coup de chiffon et, depuis, cette photo orne ma table de nuit. Elle est bien la seule dans toute la maison. L'âge, sûrement, sinon le sentiment, venait de ranimer sa présence et de réveiller en moi le souvenir de son allure aristocrate. Une question s'imposait s'agissant de mon père : même en considérant sa volonté d'éviter tous conflits, comment expliquer vis-à-vis de ma mère et la torture qu'elle lui infligeait en permanence, cette absence de révolte ? Lui qui n'avait aucune mystique pour s'inspirer du « pauvre Job » raillé par sa femme.

Dans un classique roman de Simenon on voyait le mari, gentilhomme désargenté, à force d'être moqué, devenir l'assassin de sa femme… Sous la plume de l'immense écrivain on sentait, dans le jugement bienveillant du commissaire Maigret, une justification. Blessé, les trésors de courtoisie épuisés, l'intelligence égarée, le héros finissait dans une sorte de fatalité instinctive par exploser et imaginer une disparition convenable de sa femme, en brouillant si bien les pistes que l'accident devenait plus crédible que le meurtre. Sauf évidemment pour le sage et fictif policier que son observation de la condition humaine rendait plus lucide. Selon beaucoup de ses collègues, il est recommandé d'explorer au plus proche et souvent dans le noyau familial : les conflits sont là ! Ils y fermentent inexorablement, c'est toujours le cas aujourd'hui… Même si « *mère et fille ne sont pas forcément les meilleures ennemies du père* », reste que le jeu à deux-contre-un s'avère plus subtilement efficace que le simple un-contre-un tout en arrivant à son but… impunément !

Pour le plus grand malheur de ton pauvre père, il faut savoir qu'il y a beaucoup plus fort que le « Moi », même que le « moi-disant » qui s'impose, plus fort que le moi-même, plus fort aussi qu'un autre moi-même, ce sont deux *alter ego* rassemblés, deux « moi » réunis dans une étroite intimité… Deux « moi » intimes et familiers animés par une cause commune, pire, deux « moi » animés par une « mauvaise cause commune », comme soudés par le Mal. Au temps pour moi, pardon, plus grave encore : la malveillance en osmose focalisée sur un seul et unique sujet : Lui ! Ça n'est pas un sur-moi, ni un super-moi, ni un hyper-moi. Ça s'appelle un *nœud* et ça serre… Et, les nœuds aiment les victimes expiatoires. Dieu, dans sa toute puissance, prédestine certains hommes au salut, d'autres à la perdition. Voilà le nœud emblématique du droit absolu du Créateur sur ses créatures tel que le professait Calvin et sa théorie de la « double prédestination ». Ta mère comme ta sœur en ignoraient tout. Et pourtant…

D'après certaines bonnes âmes pour aimer les autres, il faudrait commencer par s'aimer soi-même… Ça revient à se poser la question : est-ce que le narcissisme peut être pris comme une vertu « altruiste » ? Oui, je sais. Ce n'est jamais la question qui est compliquée… c'est la réponse.

❖

Le Nœud

« Je cherche un asile auprès de Dieu… dès l'aube du jour contre la méchanceté des sorcières qui soufflent sur les nœuds »

Koran, Sourate 113, verset 1 et 4

Le Nœud

Chapitre I

Mon frère comme moi avions quitté le système familial assez tôt. Études puis activités professionnelles nous en avaient éloignés petit à petit, sans volonté particulière de fuite, mais avec une soif, assez naturelle, de respirer un autre air. Un air libre ou, à tout le moins, débarrassé de l'étouffante mainmise péremptoire de l'*inculcante* sur tous nos actes.

Ce n'était pas le cas de ma sœur. Avec un emploi de secrétaire de mairie elle attendait sa nomination à un poste de contrôleur des impôts. Cette situation provisoire lui permettait d'habiter avec nos parents non seulement dans la même ville mais sous le même toit. C'est bien là que se concrétisa le nœud, l'alliance.

Elle avait refusé un parti enviable que mes parents lui auraient volontiers destiné en la personne du fils aîné de leurs plus proches amis. Elle était assez revêche, lui était un grand timide. Bref, le beau projet avait capoté et ma sœur semblait se trouver bien en compagnie de mes seuls parents ! Avoir sa mère, enfin pour elle toute seule, sans entrave, sans rival.

Un élan d'affection, faute de mieux, ou par défaut, les avait rapprochées dans un pacte qui allait amplifier les malheurs de mon père… En effet, ma sœur, enfin débarrassée des garçons et du favoritisme dont incontestablement nous jouissions, s'était glissée avec une certaine facilité dans un ralliement inattendu à sa mère sur les deux sujets qui ne pouvaient manquer de lui obtenir son approbation. Le premier, de loin le plus intéressant pour ma mère, sa propre personne, était facile à alimenter pour qui voulait juste la séduire. Il suffisait de l'écouter, de l'approuver et, s'il y avait une pointe d'admiration manifeste on était assuré de toucher son ego, peut-être son attention, sûrement pas son cœur…

Le deuxième sujet, celui qui n'avait connu jusque là qu'une longue mais individuelle pratique était l'art et la manière d'abaisser mon père. Il allait connaître, avec ce duo de circonstances et cette nouvelle connivence, une sensible évolution… Dans le but de complaire à ma mère, au début, ma sœur se contentait d'un simple ricanement aux quelques piques qui émaillaient les repas. Tranquille, mon père savait y échapper par une moue bonasse et résignée qui finissait par décourager sa femme et lui accorder, sinon la paix, un répit conséquent. Mais avec ce nouvel élan, la force, le renfort d'un porte flingue prometteur et l'active émulation que leur union créait, ma sœur prit des initiatives. Son état d'adulte lui permit de franchir la barrière qu'enfant elle respectait encore. Ses piques à elle réussissaient à cumuler la hardiesse du débutant à la cruauté de qui se sent soutenu après avoir été longtemps contenu. Pour démontrer ses talents, l'élève allait surenchérir sur le maître. Ma mère se contentait de laisser dire, un peu stupéfaite d'abord par un tel culot, mais bien vite satisfaite d'endosser le rôle de second.

Peu à peu, d'actrice, ma mère devenait, sinon une spectatrice, une simple partenaire. Les thèmes qu'elle avait coutume d'exploiter trouvaient avec la hargne de ma sœur de nouvelles ressources, une forte dynamique bien au-delà du cadre dans lequel elle s'efforçait d'évoluer.

Il y avait des sujets neufs parfois candides, souvent surprenants, toujours d'une étrange agressivité. Elle aurait souhaité plus de mesure. Jamais elle n'était allée aussi loin dans la témérité. Elle n'ignorait pas que pour sentir le hérisson il faut s'en approcher assez mais pas trop, au point de se piquer.

Au fond d'elle-même elle ne pouvait s'empêcher d'y voir autre chose qu'un jeu d'une rare insolence mais, de là à intervenir pour nuancer, il y avait un pas qu'elle n'allait pas franchir. Elle n'aimait pas cette alliée finalement trop âpre. Je crois qu'elle avait conscience que de telles boursouflures ne pouvaient, raisonnablement, pas atteindre leur but… précisément à cause de leurs exagérations. Elle connaissait bien, elle, le juste dosage, celui qui se répand en surface mais, consommé à doses répétées, finit par ronger au cœur-même les pièces de chênes les plus dures. Fervente praticienne du faible poison distillé elle regardait avec intérêt ce jeune acide à l'ouvrage.

À quelques signes bien connus d'elle, elle perçut que

mon père : soit entamait ses réserves de patience, soit perdait l'acier d'une cuirasse finalement de pure forme. Elle s'en émut sans savoir qu'un « remède » d'elle ne pouvait, à son tour, que se transformer en poison…

Elle s'en émut, sans plus, et n'intervint pas. Il faut croire quelle ne résista que faiblement à cette aspiration, certes ravivée, mais qui ne venait en fait que compléter son mode conjugal le plus ancien. Le fruit demeurait et le vers dedans.

Après s'être saignée aux quatre veines pour prendre en charge, seule, l'éducation de ses enfants, elle avait trouvé comme une compensation à sa peine dans cette forme de haine douce de mon père que réalisait le reproche systématique sur n'importe quel acte de son fait. Son absence dans le système familial, son action inexistante donnaient peu de prise à la critique sous une forme directe puisqu'il n'était pas là… C'était au décours des repas, sur un avis, parfois sur un mot que l'occasion se manifestait. Sans motif réel, le ton montait à peine mais la semonce devenait énorme. Elle sortait avec une vitesse décalée par rapport à son sujet. On comprenait qu'elle s'engouffrait dans un interstice trop mince pour une nasse par trop longtemps accumulée et contrainte.

Le débit, lui aussi, semblait proportionné à son modeste point de départ. C'est qu'il venait de loin, d'une part et qu'en quelque sorte il s'auto-alimentait, d'autre part. Par un phénomène d'inertie il trouvait son volume et sa matière en lui-même. Le reproche supposé du début devenait une litanie d'objurgations alternées de remontrances et trouvait sa justification en lui-même sans autre support, sans autre fondement que son appartenance au flot débondé. Tout s'enchaînait sans beaucoup de cohérence, on allait d'un sujet à un autre sans raison évidente par la simple nécessité d'alimenter le flux de réprimandes, de ressentiments douteux.

Un son de mon père ou un involontaire borborygme ne servaient qu'à faire rebondir le flot enragé comme autant de rochers dans un torrent dont on pourrait penser qu'ils font frein dans la pente. Non, au contraire, ils accentuent le courant dans sa course furieuse !

Ce principe de déversoir de blâmes que ma mère maîtrisait depuis toujours allait trouver son acmé avec la forte confluence que ma sœur y apportait. On était cette fois passé dans l'admonestation systématique. L'opération pouvait démarrer de rien, pas même un propos de mon père, un simple mot accompagnant le plus banal des gestes de table, servir le vin, passer le sel, pouvaient déclencher la tempête sans autre motif. Alors, du système initial d'auto-régénération d'inspiration maternelle, il fallait ajouter désormais une source nouvelle d'un jaillissement abondant, soit conjugué, soit distinct. Mais la tendance au cours du temps en vint à l'alternance des débits. Quand l'un se tarissait l'autre prenait la relève ne laissant plus d'espaces libres. Le fleuve de l'accusation pouvait s'exprimer à jet continu. Il avait évidemment son effet d'entraînement qui potentialisait son rythme. Mais comme chacun devait pouvoir reprendre son souffle et ressourcer son imagination, il y avait des pauses où le propos semblait retrouver un ton plus badin et le cours de la conversation, son calme sur des sujets suggérés par l'actualité ou des évènements extérieurs. Tout ça n'était qu'un leurre pour attirer mon père à donner un avis. Un seul suffisait pour relancer le train infernal de la contradiction. La machine, avec le temps, avait même dompté sa fougue. Elle avait gagné en sagesse et en subtilité. Elle alternait même parfois des moments d'honnête douceur et des rires. Si ! On retrouvait une distance, un respect, l'affection qui sied à une moquerie simple dépourvue d'intention de blesser. Ce piège-là, aussi, fonctionnait. Mon père prêt à s'émouvoir pour un signe d'affection, fût-il une trace, revenait de plus belle dans l'échange. On se livrait même à une naturelle conversation où chaque point de vue avait droit de cité. Parfois même on était d'accord on frôlait la complicité et la satisfaction d'une sorte de diapason. Mais, là, l'orage n'était pas loin et la fausse note facile à repérer pour que s'installe à nouveau la pulsion d'opprobres. Il faut comprendre que cette activité terrifiante était en fait parfaitement conduite et contrôlée pour ne rester que dans le territoire de l'humiliation, le doute, la lente démolition de mon père mais pas plus… Une œuvre au noir dans l'obscurité des conjurées. Mais une œuvre, on peut le dire aujourd'hui, qui, dans le sens de l'Histoire, participait à tordre le cou à ces ancestrales « Religions du Père » et leur poids énorme sur nos civilisations misogynes…

Il n'y eut jamais de conflits ouverts, jamais une scène de violence, jamais un départ de colère ou une sortie de table à volonté de clore… Non, la chose restait dans une épure de frénésie sourde, sans cris, sans pleurs, sans aboiements.

Aucune émeute dans cette tranquille révolte de salle à manger. Pas une brutalité mais un jeu feutré de sévice moral. L'une ou l'autre avait-elle conscience du désordre intérieur qu'elles provoquaient chez cet homme devenu le jouet de leurs quolibets. Elles pouvaient se penser dans l'innocence. Le mutuel accord dans leurs impulsions suffisait parfaitement à leur masquer toute conscience du dégât qu'aurait pu provoquer ce qu'elles ne voyaient pas comme de la fureur mais comme un simple exercice d'insoumission. Dans leur esprit le père restait le socle de l'autorité dont elles ne faisaient que contester le bien-fondé. Comme ces révoltes qui avancent pour rétablir une justice, elles luttaient pour une sorte de parité à instaurer. Il y avait du féminisme en elles. Un goût de la désobéissance, un affrontement plus proche de la mutinerie ou de la jacquerie que d'une guerre. Tout leur paraissait se passer dans une sorte de paix armée, une indignation dénuée d'hostilité réelle, un jeu taquin ou presque, plus proche de l'insurrection que d'une volonté de sécession. Bien au contraire, cette simagrée ne pouvait se perpétuer qu'à la condition de préserver le *sparing-partner* sans l'atteindre, comme la mort de la souris n'est pas l'objectif nécessaire de l'apparente cruauté des chats.

Cette opposition violente et indignée marquait pourtant mon père. Il voulait lui aussi prendre tout cela comme un jeu mais il perçut bien en lui-même l'altération profonde qui commençait à le creuser. Son repli dans la solitude d'un journal, autre sujet de moquerie, ne pouvait compenser les chocs qu'il ressassait. Au contraire, sa paix retrouvée n'agissait pas comme un baume mais davantage comme un reflux acide. Il se rongeait, il se minait, il finissait par participer à sa propre honte. Non pas qu'il cherchât à la justifier, à se chercher les torts qui auraient pu engendrer une telle furie à son encontre. Il ne trouvait rien à se pardonner. Et, partant ne trouvait pas d'explication à la maltraitance qu'il ne pouvait maintenant que subir sans jamais y opposer le début d'une colère.

Il avait à encaisser le coup mais surtout le contre-coup de cette rébellion. Le coup venait d'elles, le contre-coup il se l'administrait pendant de longues heures. Cette forme de haine qu'on lui appliquait n'en provoquait aucune chez lui en retour. Il se perdait dans l'incompréhension. Se refermait en lui pour mieux se concentrer à la recherche d'une explication que son amour intact pour sa famille, pour elles, lui empêchait de percevoir. La spirale de l'escargot allait devenir son lieu d'enfermement. C'est là que commençait le processus de destruction d'une vie. Personne n'en eut la préscience. La vie continuait dans ce soulèvement domestique et domestiqué sans que personne ne songe à l'amorce d'un conflit.

Pernicieuses situations de l'enclos familial où peut se perpétuer les pires choses sans que le droit qui régit la vie sociale ne puisse y faire la plus petite incursion. Aucun des trois protagonistes ne pouvait échanger avec des tiers et profiter d'un jugement extérieur. Aucune personne étrangère ne pouvait avoir un œil sur cette pratique familiale pour la dénoncer puisque, précisément, en présence de tiers, le manège ne tournait pas. L'exercice ne fonctionnait qu'en vase clos. Mais autant ma mère et ma sœur s'en libéraient avec facilité et pour tout dire, sans un embarras moral qui les rongerait, mais bien plutôt avec une sensation de satisfaction puisque leur victoire était une constante, autant mon père ne disposait d'aucun ami proche ou vieux copain près de qui se départir de son malaise.

Se libérer en se confiant à quelqu'un de bienveillant ne lui était pas accordé. Sa misanthropie d'origine familiale, son aversion du monde, le laissait là, plus seul que jamais à tourner et retourner ses états d'âme sans échappatoire, sans autres échos que les siens. Son état de malheur ne pouvait s'éclore qu'à l'intérieur sans partage, sans témoin. Lui aussi savait bien qu'il ne disposait, dans cette spirale cagoulée, d'aucune autre issue que sa fin. Y pensait-il ?... Pouvait-il imaginer de passer à l'acte ?... Il n'avait pas d'autres avis que le sien. Comment faire quand une épouse devient la dernière personne à qui se confier.

La nuit ! Il prendrait la nuit à témoin ! Elle saurait l'écouter. La nuit, elle, saurait s'inspirer des Parques pour, déléguée par les Enfers, dévider et finir par couper le fil de sa vie…

Je peux te le dire maintenant. Je sais que ton papa en avait gros sur la patate. Gros, énorme comme ces épis de maïs, les belles années, gonflés dans leur prépuce vert, tendre et velu, prêts à éclater avant l'été. Ton père ne possédait plus rien fors l'honneur. Maigre forteresse !... La situation ne pouvait se régler que par le déclenchement d'une dégradation de sa personne. Après une telle dissolution de la personnalité ne restaient plus que les parties organiques de l'être à prendre pour combustible. L'incandescence d'un cœur nourri de contrariétés finit par s'étendre aux viscères… On ne peut, là, en se voyant cerné de toutes parts, que brûler ses vaisseaux, dernier sursaut de mâle fierté quand le reste est bafoué.

La mort devient une alliée naturelle non pas consciemment, puisqu'on ne pense plus, mais c'est elle qui prend opportunément le relais, trop contente de voir comment un simple nœud d'opprobres a pu lui préparer si bien le travail. Un nœud tout prêt dont elle n'aura même pas à tirer les extrémités pour qu'il se referme. Un homme pris au collet va pouvoir tomber dans son escarcelle sans qu'elle ait à lui serrer la cravate autour du cou. Un homme simple enserré dans un nœud : oh, pas le nœud gordien, si compliqué qu'il vaudrait mieux, tel Alexandre en Phrygie, le trancher d'un coup d'épée. Non, pas un problème insoluble sur lequel elle se serait cassé la tête, un nœud évident dont chaque bout de lacet est tenu par une mère et par une fille, ignorant ou feignant d'ignorer que, par jeu, l'une et l'autre tirent et qu'il se serre sans opposer la plus petite résistance. Depuis longtemps le manège à bavardages avait coupé le zèle de ton père… Jamais on ne lui avait fait un pareil cadeau, à la Mort. Et pourtant les hommes s'y connaissaient en matière de nœuds compliqués. Ceux qui font naître les conflits meurtriers qui lui rapportent à la mort, tellement d'agonisants d'un seul coup qu'elle ne sait plus où donner de la tête. Elle éponge tant bien que mal, elle arrive à dominer toutes les situations telles que de grands génocides ou de belles épidémies ou les disettes, mais à quel prix de fatigue.

Avec ma mère et ma sœur alliées on avait affaire à une sorte de nœud très flexible, facile à tendre comme à détendre. Cet étranglement lent avait la particularité de se produire à l'écart des regards, loin de tout public esbaudi, sans spectateur, « dans la plus stricte intimité » comme on écrit sur les faire-part de décès. À cette différence près que tout se déroulait avant le décès. La machine à nouer exerçait son talent de son vivant. Et, ce n'était pas pour déplaire à la mort qui y trouvait largement son compte. Les deux femmes sans s'en douter avaient fait son boulot. Elle leur aurait volontiers dit tout le bien qu'elle en pensait… Leur heure viendrait, funeste, à son tour.

Sous les effets conjugués d'une double acrimonie il ne résista plus très longtemps. Il abdiqua sec. La décision de vendre son commerce de meubles qui végétait fut prise au bénéfice d'un métier plus dynamique : « représentant de commerce ». Cette corporation avait tout l'assentiment de ma mère : V.R.P., commercial… VRP, voilà le métier qui allait être le sien ! Où allait-on ?... Lui qui de toute sa vie n'avait eu qu'un seul rêve : être agriculteur, hobereau. Très tôt il avait réalisé que ta mère d'origine citadine, belle, élégante ne montrerait aucune disposition pour la vie rurale fût-elle dans un contexte favorisé avec manoir et domesticité. Équation simple : ta mère n'était pas cette bergère séduite par son seigneur. Romance !... Ce temps-là était rangé au rayon du folklore… Ton père avait vendu ses terres dès les partages de sa famille conclus. Il achèterait de quoi créer un commerce de meubles. Ta mère et sa formation artistique s'y épanouiraient par ses talents de décoratrice. L'avenir avait dû être rieur à un moment et, en remontant bien avant, tes parents avaient comme d'autres, eu des vies d'amants « évidemment ». Il faut nommer les choses. Si on le fait mal, on rajoute au malheur du monde. Tes parents avaient connu le bonheur. Ils s'étaient aimés, s'étaient « passionnés », avaient conçu des projets, fait des enfants puis, depuis, les réalités, à leur tour, s'étaient enchaînées recoupant quelques avis distingués sur la « passion » :

« Les passions sont des vents qui
enflent les voiles du navire ;
elles le submergent quelquefois
mais, sans elles, il ne pourrait voguer »

Voltaire

« La peinture… n'était pas un métier
comme aujourd'hui ; c'était une
religion pour les artistes,
une passion pour les femmes »

Musset

« La passion laisse, quand elle
Est passée, un regret obscur d'elle-même »

Nietzsche

« La Passion prend une majuscule quand
Il s'agit de la condamnation et l'agonie du Christ »

Larousse illustré

Ton père, déconsidéré par ses frères et sœurs parce qu'il avait vendu ses terres, n'empêchait personne de penser que ça ne pouvait être que lié à sa femme, cette quasi-étrangère venant d'un autre continent… Seule explication acceptable pour cette ancienne famille où, si l'on n'épousait pas dans son milieu, on acceptait de s'allier, avec bienveillance, quand l'autre partie avait ce qu'il fallait.

Ta mère payait la mésalliance mais cette fois ton père,

déjà passé de terrien à commerçant, s'apprêtait à faire le représentant de commerce ! Las, votre déchéance était consommée. Cette fois, les derniers liens qui vous unissaient à vos cousins, par vos jeux fous, comme à vos cousines, par le souvenir de tendres slows maladroits, allaient se distendre définitivement. Chacun rentrait dans son monde : tes cousins militaires avec leurs hôtesses de l'air, tes cousines avec leurs inconnus, bien admis… Enfin on rétablissait une très honnête normalité dans une très convenable banalité… L'attache de proximité de vos jeunes années heureuses s'était effilochée… Petit à petit on s'était détaché…

Un nœud se défaisait prenant ses distances avec l'adolescence et l'expression naïve des premiers troubles amoureux, un autre, détestable prospérait. Solide, énorme, en passe de devenir un imposant boulet d'une subtile alchimie entre fiel et dur acier, il entravait toute fuite de ton père.

Toujours à l'ouvrage le duo démiurge de ta mère et ta sœur avait, sous des coups redoublés, fini par emporter une ultime victoire. Le commerce et le bâtiment de quatre niveaux de meubles et copies d'anciens avaient bel et bien été cédés dans des conditions peu favorables puisqu'aucun repreneur du pas-de-porte ou de la patente ne s'était manifesté.

Ta sœur partie vers son sacerdoce fiscal et tes parents, cette fois, installés dans leur nouveau lieu, ta mère put enfin tenter de se reposer mais en vain. Elle était tellement fatiguée. C'était si ancien. Elle en avait tant fait pour sauver la situation… Elle continuait à pousser. Ton père, sans avoir eu le temps de souffler, avait déjà entamé ses longues tournées de commercial itinérant. D'aussi bonnes cartes en main, de maisons si bien réputées, enfin, il se devait d'avoir du succès, à condition de ne pas flâner ! Les kilomètres s'accumulaient, les échecs et les impayés aussi… Ton père avait-il compris l'art et la manière de faire signer un bon de commande ?… Elle en doutait. À chacun de ses retours, harassé, elle mettait toute son ardeur à le stimuler, à le lui expliquer. Tant de soucis alors que monsieur se baladait… Elle savait « lutter »… Les faillites de certains fabricants que ton père représentait dans son secteur avec difficulté, les impayés d'autres indélicats, les frais de route et parfois d'hôtel, trop lourds, les reproches de ta mère ajoutés allaient constituer un bilan déficitaire, non seulement sur le plan matériel mais, aussi, sur le plan moral. Ton père passait des heures et des journées sur la route en semaine, ses samedis à son bureau pour tenter de régler tous ses papiers, puis un petit moment, le dimanche, à retourner deux ou trois mètres carrés d'un très aimable jardin. Ton père maigrissait, était devenu gris-violacé. Il se décomposait. À quelques occasions il se plaignit de son dos. La route le fatiguait… Un jour il ne put plus se redresser. Coincé. Il se coucha, meurtri, brisé, anéanti ; il ne pouvait plus remuer. Cela continua quelques jours… On l'hospitalisa mais pas un médecin ne songea à lui injecter de la morphine et, cela, malgré vos prières pressantes…

Il se tenait immobile sur son lit dans l'impossibilité de faire le moindre mouvement qui lui arracherait une douleur plus grande encore.

Ne pas remuer, s'interdire de bouger comme s'il avait un couteau planté dans le dos. Paralysie motrice, paralysie mentale ou attitude anti-douleur ?... Personne ne semblait se poser cette élémentaire question. Pas même les professionnels du lieu. Surtout pas ma mère et ma sœur qui, dans un coin de la chambre, papotaient avec entrain, heureuses de se retrouver et de réveiller leur paradoxale connivence sur de petites banalités. Insouciantes, ou plus sûrement inconscientes qu'un homme se glissait dans la froide rigidité d'une agonie qui était leur « œuvre ». Il allait partir pour ne plus les subir. Le sauraient-elles un jour ?...

Pendant de longues minutes je lui ai tenu le pouce, attentif à ne pas même déplacer un autre doigt, une phalange... Ce dernier fil sera notre ultime communion. Le contact d'un doigt entre lui et moi semblait maintenir un peu de vie. J'évitais de parler, impuissant par les gestes tout autant que par les mots. Affreux silence.

Ses yeux et ses paupières semblaient dire, faute de paroles : « je ne peux plus respirer – je ne comprends pas – je ne peux plus parler – je ne comprends pas – je ne peux plus vivre – je ne comprends pas – je vais mourir ». Voilà tout... Un lit blanc – un trou noir – la Fin.

Il avait fallu se débrouiller avec ça. Il partait tout aussi muet qu'il avait vécu. Son mode d'expression, longtemps brimé par l'action pernicieuse de ma mère puis de ma mère et ma sœur, atteignait son paroxysme de mutisme. Sur ce lit, blafard, pas un souffle, pas un murmure, à peine un bref gémissement non réprimé. Un silence absent l'avait déjà enseveli plus sûrement qu'un suaire...Depuis longtemps déjà il s'était tu... Mais, elles, elles, allaient-elles, à leur tour, par respect, se taire ! Non, leur avantageux bavardage sur leur « moi » devenait véritablement générateur de mort pendant que chaque boucle de leurs propos affermissait le nœud d'une corde imaginaire, laquelle soutenait, maintenant sous leurs yeux, leur « pendu allongé » dans leur tranquille indifférence. Une victoire est toujours endeuillée par les victimes qui l'ont permise... Elles, de leur côté, n'avaient aucune perte !

Elles n'y étaient pas allées de main-morte pendant toutes ces années et, assises dans cette chambre, elles vivaient ce moment sans peine apparente, enivrées par leur irrépressible échange de propos insignifiants. La réalité de cette énergique entente les rassemblait, aujourd'hui encore, malgré l'imminente disparition de leur commun exutoire. Mais, demain, qui serait l'objet de leur hostilité… Sur quoi ou qui allait bien, maintenant, pouvoir s'exercer cet énorme flot de hargne jailli de deux paranos distinctes mais soudées par une alliance de pure circonstance ? L'union est un combat !

En quoi, après la pratique de si mauvais sentiments, leur acrimonie naturelle, allait-elle se transformer si ce n'était en une haine plus grande encore… mais, privée de cible ?

Cette violence qui se focalisait sur un même et unique sujet ne pouvait pas se volatiliser avec la lâche fuite de mon père, finalement, bien embarrassante par défaut ! Parti, une fois de plus !

Comme un des ressorts de la parano est la crainte de l'autre, l'addition de deux paranos ne pourrait être que l'opposition de leurs deux craintes exacerbées. L'une contre l'autre, à mort… Cette absence d'une commune concentration sur un unique sujet allait en revigorer un double : leur très ancienne détestation… Le « Janus » éclatait ses deux faces…

Depuis lors, comme depuis toujours, ma mère et ma sœur allaient se détester dans un nœud de ressentiment plus élaboré que jamais.

L'affrontement de leurs deux egos canalisait maintenant deux potentiels de fiel. Considérables quand ils étaient liés, désormais brutalement découplés, on pouvait s'attendre à les voir décupler.

Leur efficacité tyrannique ayant vaincu mon père à l'usure ne pourrait se satisfaire de cette seule victoire. Elle saurait se déployer dans un autre long et corrosif combat. Trente années de ce subtil exercice finiraient bien par avoir la peau d'une des deux protagonistes… Qui serait la plus active ?...

Aux dernières nouvelles de sa tumeur cérébrale on ne pouvait pas jouer ma sœur gagnante. C'est elle qu'on verrait partir la première, parole de bookmaker !

Déjà enfant, un type de rêves me traversait, clairement, mettant en scène des funérailles peuplées de familles et de connaissances. Des foules et des heures confuses mais, en plus net, la conscience de qui on enterrait. C'était souvent ma mère. En fait, c'était toujours elle, et j'en profitais, à titre d'exercice, pour regarder comment je me comporterais…. Socialement, il me faudrait paraître triste. Je le serais ! Je pleurerais… J'étais effaré par l'idée de devoir me séparer d'elle.

Ce n'était pas du chagrin. J'en ignorais jusqu'à la notion-même. Depuis j'ai grandi en méchanceté mais aussi en cynisme. Celui-ci cachant celle-là, aujourd'hui, c'est tout autre chose : j'en suis à souhaiter son inhumation, à attendre sa disparition. Elle ne m'est jamais annoncée. Jamais je n'ai pu dire, comme Camus : « Aujourd'hui maman est morte » pour écrire ensuite son plus beau roman « L'étranger ». Je vis ça telle une injustice. Des tas d'amis ou de relations professionnelles me font part du décès de leurs mères. Invariablement, je leur réponds, quand nous sommes suffisamment intimes, tout au moins, je le pense pour moi : « C'est toujours les mêmes. Ah, c'est pas à moi que ça arriverait !... » Cette violence me sert de lapsus et combine à la fois du vrai et du faux, piégés tous les deux, dans une grossière et inutile provocation. Nous sommes « tous les monstres » à la fois !...

Il faut se rendre à l'évidence ce n'est pas elle qui est partie la première. De ma sœur ou d'elle, à l'époque, nous ne pouvions rien prévoir. C'est donc l'inhumation de mon père qui allait nous occuper… Pour éviter les propos insignifiants qu'on échange, à ces occasions, je décidais de me réfugier dans une question de pure physique dont j'étais, à peu près sûr, de ne pas posséder la réponse : pleure-t-on davantage quand il fait beau ou quand il pleut ?... Je ne savais trancher. Tant mieux ! Il fallait faire durer le problème…

Pourtant j'avais un faible pour une des deux solutions. « On pleure moins sous la pluie, puisque le ciel le fait à notre place ! » Dieu merci, cette version n'était pas totalement satisfaisante. On pouvait tout aussi bien penser : « On pleure moins sous le soleil… puisqu'il y a le principe d'évaporation… ». C'était sans fin ! Réflexions vaines, sinon à me soustraire de la foule loin de la cérémonie. Rien ne ressusciterait. En Béarn on dit : « Ça fait comme la croix devant la mort ! » Début de débat ?...

Tellement de foule qu'il n'y a plus de place dans mon souvenir pour ma mère et ma sœur au cours de l'enterrement. J'en suis à me demander si elles y étaient présentes et pourtant leur responsabilité était lourde. Se rendaient-elles sans intérêt, ce jour-là, pour s'en échapper… Courageuses ?

Les délinquants ne pensent pas aux conséquences de leurs actes. Ils y vont en chantant. L'enjeu vaut souvent la chandelle. Leur misère les pousse, sans autre souci, dont évidemment pas la dimension morale ! S'agissant de ta mère et de ta sœur pouvait-on parler de dimension pénale au regard de la funeste réalisation ?…

Est-ce que tu te rends compte combien de temps est passé ? Cela fera désormais plus de vingt-cinq ans. Les yeux depuis sont totalement secs. Fini l'ivresse des larmes dans leur magistrale manifestation de la fausse tristesse… L'autre tristesse, la vraie, la dépressive, prend son temps et ne s'exprime que par des plaintes, ou plus grave encore, par des silences impénétrables. Mais de dépressions, je ne t'en connais que deux par an, vraiment sérieuses. Un peu à l'image de tes congénères livrés à la retraite, tu nous fais comme deux petits deuils télévisuels, quand se termine « Roland-Garros » et après les trois semaines heureuses du Tour de France.

Voilà les seuls malheurs qui peuvent te toucher. Tu t'es durci la couenne mais tu te ramollis le cerveau avec tes cures de télé. Fais attention que ce ne soit pas la télé, à l'instar de ta mère et de ta sœur avec ton père, qui te fasse un nœud dans la tête dont d'autres Parques viendront tirer les fils. Tu ne sais rien , tu n'y comprends rien à la tête…

Même pour les neurophysiciens notre tête est un vrai casse-tête. Alors pour nous ?... Dotés de notre savoir faible et de nos croyances, nous espérons dans des divinités, des esprits, des médecines spéciales, des marchands de bonheur… Seule vers la Fin la démence peut nous délivrer de notre immense et fidèle crédulité. En devenant sénile et dément, nous cessons de répondre à l'effet *placebo* et la perte de conscience nous rend à notre rationnel ! Dès qu'on en a fini du bonheur si simple d'être naïfs nous plongeons dans une « raison » encore plus folle. On court après…quoi ? Ta mère n'était pas encore atteinte par la démence.

Il s'en fallait de beaucoup et tout un tas de croyances avaient encore prise sur elle… Oh, elle n'était pas mystique. Tu n'avais jamais rencontré chez elle ce regard perdu des femmes qui ont connu quelque chose de « magique ». Mais, quoi ?... Même leur sourire reste étranger et ne dit rien sur ce qui a bien pu leur arriver… Ce n'est pas nécessairement un drame mais si on a du mal à penser que ce soit cette expression d'absence, cette éclipse d'autant plus notable quand elle se produit dans une joyeuse compagnie. On dirait que reste en elles cette part de foi qui aurait pu en faire des benoîtes si elles n'étaient des mères. Mais dans le cas de la tienne rien qui se rattache à de la « sainteté » dans sa manifestation la plus béate… Oh, non, elle n'avait vraiment pas la robe de la fonction !... Pour elle le bonheur devait n'être qu'un sous-produit !...

Pour autant peux-tu aller jusqu'à dire qu'elle n'était pas capable d'amour, qu'elle n'avait jamais été douée pour ça… Difficile de tout peindre avec la couleur noire, d'ailleurs Soulages s'est-il jamais risqué à faire des portraits ?... Pas plus que toi tu ne noircis réellement ta Maman. Tu aurais même un préjugé favorable pour une femme qui semble avoir échappé à cette forme d'instinct banal qu'est l'amour maternel. Elles sont rares ces femmes-là, si peu mères, si peu tendres, si dynamiques qu'elles réussissent généralement bien leur carrière avec passion. Quant à d'autres, pour peu qu'elles soient médiatisées, il leur suffit de proclamer que ne pas avoir assez vu leurs enfants est le regret de leur vie et, à ce niveau, tout leur est pardonné ou devient accessoire.

Savoir se déterminer franchement et apprendre à se dérober gentiement, c'est le talent des femmes en politique. Pour les hommes c'est un peu différent : savoir ne dire ni oui, ni non ou comment devenir fourbe en peu de leçons car dès qu'on est « fourbe » on n'a plus besoin d'être très autoritaire. Pour les femmes comme les hommes pleins d'ambition dans le « bien-public » il est nécessaire de savoir mentir et trahir, mais le maître-secret tient en peu de mots : « avoir de la rancune »… Pour le reste on peut se faire apprécier jusqu'au dévouement avec deux ou trois belles flatteries bien placées y compris par d'anciens adversaires plutôt coriaces.

Exception faite de ton père, les hommes sont plutôt des êtres de discours, d'étranges animaux qui s'épanouissent sous le charme de leurs grands récits. Ceux-là mêmes qui enchantent et produisent la vie sociale avec « de tout » : des croyances, des actes, des mœurs, des lois, de l'art, du cochon…

Ta pauvre mère, je te l'accorde n'était pas douée pour le bonheur. Personne ne pouvait imaginer qu'elle se tût, qu'elle se repentît, qu'elle se cachât, que, finalement, elle s'écartât suprêmement… Jamais ! « La vie c'est comme ça ! Et, en permanence l'heure est grave. C'est tout circonflexe. Ce qui nous laisse les coudées franches » aurait dit Roland.

Ton Roland t'aurait dit de te laisser faire plutôt que d'avoir des « frisettes » qui te démangeraient le cœur et l'âme, pire te saouleraient les pensées.

Il n'a pas tort. Tu t'es tellement enivré d'écriture que tu en es arrivé à penser que tout ce que tu penses mérite d'être « écrit et transmis » ! Alors qu'il y a peu de temps, en bon normand, tu pensais que la moitié de ce qu'on pense ne mérite même pas d'être « dite … prononcée… murmurée… » « Sur ce qu'on pense il faut être dans la qualité du silence qui suit une avalanche ! » C'est ce que tu disais !

Le Nœud

Chapitre II

Depuis, finalement toujours, ta mère et ta sœur se détestaient. Elles ne faisaient, aujourd'hui, que reprendre une longue et ténébreuse pratique dont personne n'avait mesuré le fondement pathétique car la mémoire est la preuve vivante que nous ne sommes plus les mêmes !...

Ta sœur, peu de temps après sa naissance, entama son premier grand rôle dramatique. Place au bon docteur qui entre en scène tonitruant :

— «Votre fille a une jambe plus courte que l'autre ! Ce n'est pas vital… Mais, arrivée à l'âge où elle pourra marcher… elle boitera »…

Il laissa tes parents sous le choc et plongea ta mère dans le plus profond désarroi. Une peine qui s'ajoutait à l'annonce récente de l'arrivée d'un troisième enfant peu désiré. Panorama !

Sûr de lui, il poursuivait sa description :

« Possiblement, il y a bien une solution puisque j'ai pu m'en apercevoir suffisamment tôt. C'est l'installation sur son lit d'un système de poids qui, attaché à la jambe courte, permettait par une poulie de tirer et donc, en place, dans ses périodes de sommeil, finirait par allonger ladite jambe... C'est efficace ! Les preuves sont faites... Mais je ne vous cache pas qu'il s'agit d'allonger cette jambe pendant sa période de croissance sans nuire aux hanches et au bassin ! C'est une espèce de sac-culotte, assez rigide, à enfiler pour la nuit par-dessus les couches. À chaque change il faut, évidemment, tout remettre en place : poulies, poids, etc... »

Le moment de stupeur passé, ton papa fit merveille pour déchiffrer la note de montage, mettre en place sur le lit en bois les différentes poulies, le mat supérieur qui articulait les poids et les contrepoids. Une couche de peinture bleue tenta de gommer le caractère engin de supplice... Restait à ta mère le beau rôle de gérer toute seule l'intendance : les changes, la culotte fixe, les couches, les mesures, mais surtout les pleurs, les nuits de pleurs avec la tentation pour les faire cesser, de détacher les poids... À elle ce dilemme quotidien, les nuits fugitives, les jours sans aide, ni domestique, entièrement consacrés à chaque enfant, tous les repas, toutes les courses, les longues après-midi à la plage : « Mère à plein temps ».

Peu de sorties en ville, peu de visites, pas d'amis, pas de temps pour soi, sinon quelques travaux de couture pour se faire élégante, pas de vacances ou de voyages, sinon les séjours à peu de kilomètres dans un village où se tenait la propriété familiale, totalement disponible, pour vous, tout l'été tant que les partages ne se trouvaient pas faits.

Déferlante d'angoisses pour ta mère seule dans cette grande bâtisse, hostile, pleine de souris et d'autres indésirables... Ton père ne vous y rejoignait que pour le dimanche... Quelques heures, surtout mises à profit pour l'entretien du parc dont singulièrement la « salle verte » en charmilles à finement tailler. Que de massifs désolés sinon les quelques soins rustiques que l'un des fermiers donnait aimablement ! Sans raffinement il faisait le plus gros dans les allées. Ton père se chargeait des haies de seringas, des essences plus fragiles et, bien sûr avec passion, de la salle verte où une table de pierre massive accueillait vos déjeuners dominicaux. Et, cela, malgré la proximité du bassin qui faisait la hantise de ta mère. Comment surveiller tout son monde... Jamais un moment pour elle : toute sa vigilance, toute son activité, tout son amour pour ses proches, c'était son sort de la semaine aggravé le dimanche par une présence supplémentaire.

De cette époque, je ne me souviens pas des plaintes de ma mère... Faut-il en déduire que, malgré son dévouement harassant, sa grandeur d'âme agissait. Elle taisait alors son quasi-martyre.

Sont-ils étranges, ces anciens souvenirs qui vous hantent sans qu'on puisse s'en départir !

Celui-là est si vieux que je n'arrive pas à réaliser comment il a pu rester si vif et si tenace à l'esprit. J'ai cette image de ma mère gaie, heureuse telle qu'elle m'apparut. Si enjouée, que je la vois exécutant un tour sur place, un pas de danse, comme une valse faisant voler sa robe de tissu léger autour d'elle. C'était un de ces tissus souples, moulants, beige à fleurs roses, d'un tombant si gracieux qu'on s'étonne qu'ils ne soient, depuis, jamais revenus à la mode. Au point, aujourd'hui, d'être cantonnés aux documents d'archives de la libération, aux films de cette époque ou à ceux voulant y situer leur action.

Une image tellement présente que je crois pouvoir dire qu'elle s'accompagne d'un son très net : « d'un rire » ! J'avais six ans, guère plus, et, encore aujourd'hui, je m'étonne de ne pouvoir passer une semaine, quinze jours au plus, sans que la figure de ma mère ne se retrace devant mes yeux, enfin joyeuse, ensoleillée, tournant, virevoltant, ce dimanche. Si différente : « gentille » !

Ta sœur marchait !... C'était à l'évidence la nouvelle qui pouvait rendre ta mère si heureuse. Elle l'annonçait à ton père. Pour elle c'était la fin d'un cauchemar. Tous ces jours consacrés aux soins de ta sœur, sans faillir, s'achevaient dans un heureux soulagement. Finies ces visions où elle se figurait ta sœur claudiquant. Grossie par la nuit avait-elle reçu, en rêve, le spectre d'une silhouette se balançant comme une tempête ?... Ta sœur adulte posant sa bonne jambe comme sur le haut d'une vague pendant que l'autre plongeant comme pour disparaître dans le creux, s'enfonçait dans un sol absent. Elle boitait comme boitent ces estropiés ordinaires avec tout le corps dévié de son axe… Ces anticipations monstrueuses avaient été le moteur de son courage. Et elle avait réussi.

Comment cette victoire de l'amour maternel avait-elle pu se transformer, avec le temps, en une solide détestation ?...

C'en était trop pour leurs deux cœurs, d'avoir vécu toutes

ces années, ta mère, en servante dévouée, ta sœur, en sujet de tant d'attentions qu'elle aurait fini par se croire l'élue d'un amour exclusif et dédié à sa seule personne.

Assez simple d'imaginer que ce statut particulier allait lui valoir progressivement de cruelles déconvenues... Rapidement elle en prendrait conscience... Elle avait rêvé, trop rêvé. Elle n'était pas seule. Ton frère était arrivé dans les occupations de ta mère puis, au fur et à mesure, il vous fallut bien admettre, arrivé surtout dans le cœur de votre mère... Elle ne cessait de répéter, à qui voulait l'entendre, combien il était beau bébé. C'était, en plus, une évidence : il était beau bébé. Il avait réussi ce tour de force de lui rendre sa joie, sa fierté et le ressort de son énergie... Ta sœur délaissée, non seulement à cause du « nouveau » mais aussi par la fin de l'étirement de sa jambe, désormais à la bonne longueur, ne pouvait imaginer l'immensité des tâches que sa mère devait accomplir chaque jour... C'était avant la révolution de l'électro-ménager... La condition de mère au foyer était au sommet de sa pénibilité. Allez soutenir le même train malgré la fin de la domesticité ?

Être mère pour trois enfants et femme pour son mari s'avérait d'un poids démesuré... Sans doute la charge de ces premiers temps pesait-elle encore sur son long « *lamento* » de maintenant...

Je m'essayais bien à le justifier : une vie toute ménagère, la fermeté de son caractère et une profonde sensibilité ne pouvaient tout expliquer...

L'élévation de son âme dans les grandes choses, sa susceptibilité dans les petites me renvoyaient un tableau d'elle incompréhensible…

Une lueur à l'âge adulte me souffla une règle simple : les gens aiment donner, c'est agréable de donner. Ma mère, pour les mêmes raisons, aimait donner. Parce qu'on se mire et qu'on s'admire dans son don. Cette générosité, pour être sincère, n'en est pas moins un reflet de soi renvoyant une image flatteuse. Ce miroir trompeur alimente souvent, boursouffle parfois, une étrange dimension du « moi ». Dans toute offrande il convient d'observer la motivation !

— « Je suis comme ça, m'avait-elle dit un jour, je suis d'un naturel généreux. C'est tout ! »

Elle venait, très peu de temps après la disparition de mon père, poussée par des amies, de participer, au sein de la Croix Rouge française, à ces distributions de vêtements aux personnes en difficulté… Elle eut cette phrase au téléphone qui en disait long.

— « Tu comprends, mon grand, c'est du souci, ça me prend beaucoup de temps. Et ces gens sont très difficiles. Non seulement on leur donne, mais ils ne remercient jamais, mais surtout, ils veulent choisir, ils essaient, ils repoussent, ils prennent et parfois même ils refusent. C'est très pénible… Quelle audace !... Quelle absence d'éducation, quelle ingratitude !... »

Souvenir bref, sentiment vite brisé : pendant quelques mois j'avais trouvé assez convenable que ma mère applique sa munificence ordinaire envers les infortunés, que ma mère ait une activité caritative, certes un peu « dame patronnesse », mais dans une logique de la famille de papa : « charité chrétienne de bon aloi... » Mon œil ! Elle ne tiendra pas trois mois, avant de retourner à son petit chez elle. Pas son genre de renoncer à être l'héroïne de « sa » vie...

Le cycle centrifuge-centripète reprenait son inéluctable principe mécanique égocentrique : s'occuper de soi, s'intéresser à soi, n'aimer que soi. Soi, jusqu'à ce que ça s'enkyste en soi. Soi jusqu'à n'être plus que soi dans soi. Tellement « le sujet dans le sujet » qu'on pense aller jusqu'au rejet. Rejet pur et simple sans sujet, sans objet, sans même un frein à ronger... Un culte du soi qui se passe de soi. Un rituel sans foi réelle, sans fidèle, sans assistance, sans clergé et même sans liturgie autre qu'intériorisée. C'est l'immanence faite soi et sans limite : soi dans l'instant, soi dans le présent, soi à tous les temps, soi tout le temps... C'est la suffisance en soi ! Le contenu, la quantité, peut-être le content ?... Mais soi sans vanité, soi sans prétention, soi sans réserve... Une autosuffisance stricte, sincère, jamais sinistre, toujours singulière et, finalement innocente, simple de sens et d'esprit. Une suffisance facile à accepter, à porter puisqu'on l'a toujours sur soi, en soi, sans qu'elle défaille ou s'en aille... Commode d'entretenir son soi chez soi ! Ma mère en était arrivée là de sa contemplation d'elle, diffusant une dynamique de dispersion des autres, dont l'exclusion ne laissait plus que des vestiges loin d'elle. Même ses proches tombaient dans la vacuité d'un monde dépeuplé ou s'éloignaient sur des orbites géostationnaires sans contact avec la planète-Mère.

Aucune contradiction possible de son importance et du contentement d'elle dans toutes ses actions, au point de me dire :

— « Tu vois, ta mère a toujours raison… C'est tout ! »

Elle ne manquait aucune occasion de se congratuler, toujours en surenchère à la moindre occurrence d'une approbation qui m'aurait échappée.

Ce principe semblait invariable et insensible au cours naturel des évènements comme à toute influence extérieure. Il était pleinement la nature de son être, sans incidence.

Il semblait, par sa force, venir de loin. Une telle assurance présentait les aspects d'une autorité vengeresse. Comme si elle-même, à elle seule, était censée porter la parole de toutes ces femmes pliées dans la servitude depuis la nuit des temps, avant que les civilisations se fassent plus douces. Fût-elle le héraut d'une cause aussi légitime, rien n'expliquait qu'une haine profonde, tenace, ancienne et peut-être justifiée ne s'applique à l'un ou l'autre de ses enfants, à ses gendres ou, pire, ses brus et moins encore, à ses petits-enfants dont l'innocence n'était pas à démontrer.

Il fallait qu'elle ait accumulé des couches incalculables de rancœur, si bien maintenues à fermenter dans une profondeur de solitude confinée qu'elle ne trouvait comme sujets d'exutoire que ses derniers proches.

L'ultime carré, par son exiguïté devenait le réduit de ses derniers combats meurtriers. Petit à petit en faisant le vide autour d'elle, il ne lui resterait plus comme dernier geste qu'un *nœud* à s'appliquer à elle-même. Décidant que les choses étaient sans espoir elle aurait imaginé de disparaître…

Mais réfléchis une seconde. Je t'affirme que c'est déjà fait ! Elle s'est exécutée et tu n'en as rien vu, ni toi, ni personne. Tu crois qu'elle est toujours là mais ça n'est que son enveloppe charnelle que tu vois. Pour l'intérieur c'est son spectre, le « noumène » d'elle-même, qui en a pris possession. Pas très difficile pour lui de s'y sentir chez lui. C'est lui qui possède son âme et la gouverne. Le corps est abandonné à une sorte d'autonomie dont elle fait croire à l'existence réelle par ses explications de fatigues, de douleurs et mieux de cécité. Evidemment qu'elle n'y voit plus ! Fais un effort et tu comprendras que, depuis la substitution, c'est son spectre qui voit pour elle, qui parle pour elle. C'est lui qui ne cesse de dire que son état s'est encore aggravé ! Il s'agit du corps. Pour te mettre sur la piste demande-toi comment est-ce qu'elle fait, à un tel âge, après toutes les fatigues que tu sais, les tourments de la solitude, et le reste… Comment expliques-tu qu'elle ait toute sa tête ?...

— Assez ! Assez ! Assez ! Je ne pourrais pas me résoudre à écouter plus longtemps ces histoires de fantômes. Je n'ai plus l'âge à aimer fuir les réalités pour des chimères de mauvais publicitaires… Restons dans le primordial…

— C'est là où te trompes. Calme tes ardeurs, retiens ton venin qui te suggère que sa solitude pourrait être son garrot fatal si longtemps souhaité. Oublie un instant ta mère… Pense plutôt à ta sœur et à sa lettre ! Celle dont tu n'as pas eu connaissance. Imagine son contenu après toutes ces années où elle n'a inspiré à sa mère qu'amertume et dégoût ! Imagine la plaie ouverte au fond de la pensée d'une fille repoussée !

Toi qui n'a jamais écrit que des lettres d'amour à tes amours, que des lettres de remerciements à tes amis, comment peux-tu te mettre dans la situation de ta sœur ? Comment peux-tu comprendre un tel drame ?… Une mère renie sa fille comme si un chêne reniait son gland. Et la fille, comme le gland, veut remonter à l'arbre dont elle est, depuis longtemps, descendue. Un fruit peut-il remonter à l'arbre dont il procède ?... C'est à ce niveau qu'il faut classer l'acte désespéré de ta sœur… Je ne sais personne et surtout pas toi, si protégé, qui ait eu à affronter un tel exercice d'écriture. T'es-tu jamais adressé à quelqu'un à qui tu inspirais le « dégoût ». Quelqu'un te réduit à rien et c'est à ce démon que tu dis ta lamentable détresse. Comment trouver confidente plus paradoxale… Comment ne pas éprouver les mêmes troubles que sa génitrice tout en l'accablant ?...

C'est seulement à la cinquantaine, c'est-à-dire tard, à presque une vie passée, que ma sœur, voyant son fils grandir et lui échapper, après qu'à son tour, elle ait donné son âme et son corps pour une éducation brillante rendue méritante par la mort de son mari, qu'elle prit, alors, la décision solennelle d'adresser une lettre à ma mère… À ma mère ? Autant dire que, poussée par le désarroi, à abandonner toute dignité, c'est auprès de son bourreau qu'elle cherchait l'intercession…

On peut supposer que se trouvant – profonde libération ou terrible vide d'oisiveté et d'inutilité – comme sa mère – dans une situation de bilan – comme sa mère – elle ait ressenti le besoin d'une large expression. Seule l'écriture s'y prêtait…

Fouillant dans un profond, passé qu'avait-elle retrouvé qui la pousse, soit à une confession sur elle, soit à une instruction à charge sur sa mère ? Leur lointaine connivence pouvait-elle s'être métamorphosée en relents de remords ou en spasmes de regrets ? Ma sœur pouvait-elle avoir pris conscience du tort que, dans son emballement, elle avait fait à mon père ? Je ne lui souhaitais pas. Un tel sursaut ne pouvait que la précipiter dans un sentiment dépressif. Non, je crois que bien avant un cheminement de culpabilité il y avait pour le contenu d'une telle lettre à puiser dans le registre de l'attaque au vitriol et ne pas s'ingénier à se tordre dans celui de l'aveu… de l'innocence perdue… au courage retrouvé. Inutile !

On peut donc raisonnablement penser que cette lettre fut un réquisitoire détaillé. Face aux quelques tournures caressantes d'une quête d'affection on ne pouvait s'empêcher de penser que l'*inculcante* n'ait pu lire, sous la plainte, que l'aigreur accusatrice. Juste retour du sentiment terrible qu'elle n'avait jamais caché, même pire, formulé : « Ma fille m'a gâché la vie. » Gâ-ché-ma-vie !

Voilà l'exécrable phrase que ma sœur avait dû incuber sourdement, celle qui avait nourri, gavé sa missive. Selon le temps écoulé entre la révélation et l'envoi, le degré de colère pouvait-il s'être tempéré ou accru ? Une telle allégation venimeuse peut-elle s'adoucir avec le temps ou, à l'opposé, faire croître et prospérer une rancœur plus forte en intensité ? Difficile à dire, à penser, à concevoir, d'ailleurs qu'avais-je à dire, moi qui, comme tous sauf ma mère, n'aurait jamais connaissance du contenu ?

L'écriture pendant des siècles n'a-t-elle pas été à usage multiple : la reconnaissance d'une dette, la garantie d'un échange, le signe d'une représentation ? Possède-t-on, plus ou moins bien, la langue qui activera la dose de relation, le transfert avec maîtrise ? Pas sûr !

L'écriture serait un lieu sans extérieur, un vase clos. Que savons-nous de notre écriture et de sa faculté à transmettre ? Peut-on trier entre le plaisir immédiat d'un texte et la vérité signifiante compréhensible par celui à qui elle s'adresse en bout de ligne ?

Bref, l'existence-même de cette lettre était, par son côté exceptionnel, un sujet de réflexions ou de fantasmes, par son mystère étonnant, jusqu'à l'élucubration. Mais était-ce encore une époque à écrire ? Le téléphone avait fait décliner cette pratique de manière irréversible, sans parler de l'ordinateur !... Bien sûr le mail n'était pas envisageable avec une personne de quatre-vingt ans. Mais tout de même le recours à la lettre devait avoir été voulu sinon comme un testament, au moins comme un témoignage, avec traces durables : À lire, à relire, à méditer, à conserver…

Pour ce qui est de la leçon à méditer, on peut retenir à coup sûr que ce fut chez ma sœur une volonté de réponse à « la » phrase et chez ma mère un sujet d'appréciation sèchement pédagogique démontrant qu'elle ignorait jusqu'à la notion même de tendresse.

La phrase était terrible. La lettre, je pense, ne l'était, sans doute pas autant, car pour répondre et faire cas, autrement que dans la fuite, à un tel cataclysme, il ne fallait pas être passé par l'état d'indifférence.

Alors restait la haine, pire, à l'intérieur de la haine,

quelques traces d'amour. Ce qui devait donner une tonalité accusatrice tout autant que déchirante à sa supplique.

Que ta mère pouvait-elle faire d'un cri si pathétique ?… Très normalement l'entendre comme une souffrance, comme la longue et lyrique expression d'une douleur existentielle aiguisant sa pitié. Non, elle n'y cherchait pas sa fille mais elle s'y cherchait, elle, et elle, seule. Alors le tamis de son égocentrisme ne laissa filtrer par ses mailles que ce qui la concernait. On s'en prenait à ses agissements. Chaque mot à conserver n'avait de valeur que s'il s'intéressait à sa stricte personne. Le grave comme le tragique s'en trouvaient évacués et vidés d'émotion. Ta sœur ne saurait jamais, à quel point, elle avait raté son but. Si un espoir d'obtenir, en retour, des regrets, ou mieux, un élan affectueux, avait été son objectif, elle ne pourrait jamais en mesurer toute la vanité. Une seule réaction même minime de compassion ou d'excuse était impossible. Au départ, comme à l'arrivée !

Ça ne se produisit d'ailleurs pas. L'une et l'autre restèrent dans leurs murs sans âme, enfermées, sans perspective d'une amorce de dialogue alors qu'il y avait dans cette démarche, au moins dans cette occasion, les premiers pas cahin-caha, d'une tentative de réconciliation possible.

Après une succession de colères, d'altercations, d'attaques biaisées, de réponses cinglantes, une espèce de vérité aurait pu sortir d'un simulacre de correspondance suivie. Qu'elle qu'eût été la cruauté des chocs-contre-chocs, dépouillant tour à tour chacune d'un mal sur le cœur trop lourd et, chemin faisant, une lueur serait apparue. Le combat, précisément par sa dureté, aurait épuisé les combattantes.

Malgré les accès, les à-coups de violence mal canalisés, une issue se serait présentée naturellement et, entrevue comme un soulagement, elle aurait été considérée comme bonne à prendre… et, au final, prise.

Un déchirement, fut-il désenchanté, aurait été un canal d'expression, un exutoire et surtout une expiation salutaire utile à l'établissement renouvelé d'un contact, lequel, de haineux aurait pu finir amical, voire affectueux… Chacune, sans reconnaître ses fautes, aurait pu se montrer sous le jour de la contrition.

Alors que là, par ce jet unique, par cet ultime signal, cette missive accusatrice ne pouvait être comprise que comme une pure invective pour un « tyran en solo ». Les pires ! Tout recours à une interprétation s'avérait de mauvaise foi et, au final, cette absence d'échange ne ferait que les éloigner davantage l'une de l'autre, sans espoir de retour. Avec la colère les choses sont prévisibles. Sans cette colère elles deviennent imprévisibles et confuses…

Il y a des joutes, des affrontements qui malgré leur brutalité s'apaisent et finissent par laisser les consciences en paix. Là, c'est la guerre qui couvait à distance, entretenue paradoxalement par le silence, comme par un feu, en apparence éteint, lequel malgré l'absence d'un souffle d'air, fait vivre ses braises sous la cendre. Au lieu de se calmer le conflit restait au chaud, faisait s'accroître les divergences et accentuait de plus en plus la masse de rancunes accumulées éloignant le pardon ou même une sorte de consensus organisé, accepté…

Plus le temps avançait, plus les choses se compliquaient,

plus elles s'établissaient dans un cul de sac fatal, faute d'avoir éclaté. Eclater un bon coup : ce principe de l'explosion que les pompiers de l'impossible utilisent pour éteindre les puits de pétrole en feu. C'est le choc qui stoppe la combustion laquelle, sinon, ne trouverait sa limite que dans l'épuisement de la nappe de combustible. Incalculable, inimaginable…

Ma mère et ma sœur en étaient là de leur *statu quo* de l'ombre, sans qu'un jour nouveau n'apporte la moindre lueur, quand une visite de mon frère m'apporta une information capitale.

Lors du déménagement de ma mère vers sa maison de retraite et la liquidation de son appartement, c'est lui qui fit le tri de nombre d'objets ou de papiers, jusqu'aux plus personnels. C'est ainsi qu'il me fit voir un petit carnet noir, un modeste livre de choses, que ma mère avait rempli… Rien à voir avec un journal, non, juste quelques mots domestiques, des factures et leurs dates de paiement, les noms de ses petits-enfants et leurs dates de naissance mais pratiquement aucune confidence sur ses états d'âme ou ses appréciations telles qu'en recueillent les journaux intimes. Rien de ce type sinon une ligne terrible, elle, sans date, ni commentaire : « *Reçu une lettre de ma fille : incroyable insolence* ». In-croyable in-so-lence.

À près de quatre-vingts ans, ma mère démontrait qu'elle restait, avec ce vocable inouï de naïveté, dans une logique « éducative ». Comme certains ne sortent pas de l'adolescence ma mère n'était pas sortie de son âge de mère.

À croire qu'elle aurait souhaité que persistât dans la

même configuration la forme familiale où s'était épanouie sa souveraineté inculcante.

Un tel contexte pouvait parfaitement expliquer son étrange aversion pour ses brus ou ses gendres, perçus comme les briseurs de son royaume et pouvait également éclairer son agacement vis-à-vis de ses petits-enfants.

Ils étaient au nombre de huit. Certains avaient fait de courts séjours chez elle, les autres lui étaient inconnus au point que, dans le petit carnet intime retrouvé, un nom manquait à l'appel. C'est dire son désintérêt ou sa pure et simple répulsion pour eux, assumée !...

Par je ne sais quel cheminement, ma mère avait si mal reçu les femmes ou les maris de ses enfants, comme leurs fruits, qu'en moins de dix ans, tous ses enfants allaient se retrouver divorcés. Patatras !

Quant au mari de ma sœur : il était noir. Ce qui avait dû amener le principe d'évacuation, racisme aidant, à son point maximal. Le contentieux énorme qui les divisait avait, par l'annonce de son mariage avec un africain, dû être vécu comme une insoutenable provocation…

Bref, ma mère, qui n'avait pu, malgré son autorité et sa sagesse, empêcher ce mariage voué à l'échec, tenait sa revanche et avait vu revenir sa fille en France. Le nœud se serrait à l'avantage de ma mère. Sa fille devrait faire « amende honorable » et montrer une mine penaude… Ce qu'elle ne fit pas, se réfugiant dans un courage fort et admirable pour élever, seule sans les conseils de ma mère un très beau et très intelligent garçon qui, lui aussi, se passerait aisément d'une grand-mère. Ma sœur se trouvait crânement à la tête d'une famille monoparentale pure et dure… Elle n'était pas la seule !

Les familles monoparentales s'étaient beaucoup multipliées. Dans la majorité des cas c'était… la mère : un million de mères élevait près de trois millions d'enfants. Où étaient les pères ? Où est le père ? Parti ! Les pères s'en vont. C'est vrai surtout dès qu'un enfant tombe malade : le père s'en va, comme par principe, le père fuit la maladie, se sauve…

En revanche les mères aiment l'état malade de leur enfant. Un enfant éclatant de santé, lui aussi, s'en va et leur échappe. Les mères préfèrent, y compris dans les cas de jumeaux, celui des enfants qui est malade… Les mères les plus attentives à entourer de soins le malade-enfant « iraient jusqu'à souhaiter cet état » aux dires de certains psychologues…

De là, comment ne pas imaginer un cycle pathologie-soins où la mère participerait à créer la maladie pour se complaire à la soigner. Ce à quoi elle excelle : une certitude ! Le plaisir de guérir peut s'avérer moins exaltant que celui de dorloter : une autre certitude !

Après tout c'est un comportement qu'on ne refuse pas de voir, à juste titre, chez l'infirmière mais que l'on retrouve tout autant dans la relation de certaines femmes avec leur animal domestique…

Ma mère pouvait-elle avoir échappé à cette règle ?… Avait-elle aimé sa fille bébé quand l'enjeu était sa jambe trop courte à rétablir ? M'avait-elle aimé, pensionnaire étriqué souffrant d'anorexie ? Je me souviens de ces soins aimants avec netteté : le filet de sole au beurre tenu au chaud, oui, en attendant qu'un hypothétique élan d'appétit survienne. Patience, douceur, écoute, tous les atouts de l'amour maternel se trouvaient représentés : le dévouement élevé au rang d'un art…

Après la maladie, l'utilité maternelle s'estompe, le rôle éminent s'évanouit mais pourquoi l'amour ne continue-t-il pas ? Dépendrait-il d'une « fonction » ?

Ma mère, à l'exception près de nos périodes de maladie, avait eu peu d'affection pour ma sœur et moi. Son plaisir se centrait sur notre jeune frère si beau bébé tout en rondeur avec des fossettes si bien placées pour y nicher des baisers.

Tout le monde voulait embrasser mon jeune frère enfant… Il plaisait énormément ! Est-ce que ma mère se retrouvait, elle, dans cette incontestable beauté appétissante ? Malgré ses bouderies, ses caprices, il offrait un personnage simple, facile à comprendre, facile à vivre comme si la beauté vous donnait par surcroît l'amabilité.

Sans la beauté, on aime pour de mauvaises raisons ! Et, effet de contraste, les autres enfants peuvent être considérés comme objets de dénigrement. Ils embarrassent, ils dérangent dans une famille… Mon frère était comme « un fils unique ». On ne se souvient pas que les enfants aient été des enfants… Heureusement il y a ces manières de réincarnation de génération en génération. Mon frère avait, parmi ses cinq enfants, un fils qui le reproduisait : beau, doux, enjôleur, etc…

Cet intéressant clone allait-il réussir à séduire ma mère ? Exception parmi ses petits-enfants avec, peut-être, à la clef une sortie tant souhaitée de son aire de détestation ? Comme elle avait aimé mon frère, ma mère allait-elle aimer un petit-fils ? Pas plus !

Restait en outre cette autre question : ma sœur avait-elle reçu une réponse à sa lettre ? J'en doute ! Comme je doute qu'elle eut connaissance, après lecture, du seul commentaire noté par ma mère dans son carnet intime : « Incroyable insolence ».

Peu importait. Ma sœur se mourait et ça n'aurait rien changé à son état ou à son « non-état », cette sorte d'entre-deux : pas morte mais déjà sans vie réelle. Privée de système de communication. Quelques tubes, quelques molécules qui y passent et la maintiennent sans douleur comme s'il devenait nécessaire de ne pas souffrir alors qu'on n'a plus conscience de rien. Zèle médical générateur d'un coût social quasi immoral mais justifié précisément par des raisons morales : conformisme rétribué !...

Le nœud entre ma mère et ma sœur avait choisi sa victime. Ma mère disait ma sœur butée ou têtue. Dans ce combat de têtes c'est bien celle de ma sœur qui allait lâcher... La tumeur l'emportait. Ma mère triomphait pour cette fois encore. Pour l'observateur on passait de la sidération à la saturation. C'était la deuxième fois. La deuxième victime, qu'elle allait regarder partir sans émotion, tout entière occupée d'elle. Pouvait-on parler d'indifférence, d'insensibilité, de distance. Certainement pas de résignation. Elle avait parfois pour expliquer sa force de caractère évoqué le « secours de la Foi ». Aujourd'hui je pense que sa grande force elle ne la puisait que dans l'immense faculté à se retrancher dans la coquille de son univers restreint. Son absence de phylogénie allait nous faire tomber dans une extinction de l'espèce…

L'image de l'escargot et sa spirale rétractile ferait sens si l'évolution ne prêtait qu'à rire. Hélas, là, il fallait se résoudre à admettre que la disparition d'un être supposé cher ne suscitait pas de réaction chez ma mère. Ma sœur était la chair de sa chair. Ce qui aurait dû au moins, faute d'humanité, faire parler l'instinct… Rien !... Le cordon ombilical avait bien relié ces deux êtres au moins neuf mois assurant l'alimentation avant que le sein ne prenne le relais de cet émouvant échange… Rien, même un être de chair qui lui devait la vie, et qui allait la perdre, ne pouvait distraire ma mère de l'intense observation obsédée de son nombril. Axiome unique : « Rien ne dérange davantage une vie que l'amour d'enfants ».

Me regarder dans la glace après une toilette pour précisément observer, au sens propre, mon nombril que je trouvais douloureux depuis le réveil, me permit de constater qu'il avait fortement gonflé. De rose clair il était passé à un rose violacé. D'une forme en creux il était devenu bombé. Une belle saillie comme sur les chapeaux de quelques champignons douteux mais bien charnus, bien tendus, plutôt appétissants comme l'aréole d'un jeune sein adolescent où les lèvres se posent avec un délicat embarras tant la texture semble vulnérable… Attiré par la transparence de la fine pellicule de peau veinulée, mon intention immédiate fut de toucher. Le simple contact m'arracha un cri… Stupeur brève à voir cette partie stupide du corps devenir, sans prévenir, douloureuse. J'avais certainement forcé la veille en transportant ou manœuvrant des pierres démesurées pour les moyens physiques de mon âge. C'était de ma faute. J'aimais ça ! Une façon idiote de « se lancer des défis » come disent les sportifs ou la nécessité « de se dépasser » comme le préconisent les moralistes. Évidemment rien de tout ça ne me motivait. J'avais depuis longtemps compris qu'il ne restait rien de Sparte et de son exaltation des corps mais qu'Athènes nous avait laissé une qualité de « penser la vie tout en apprenant à mourir » qui résisterait encore longtemps à toutes nouvelles religions, à tous nouveaux dogmes directeurs de conduite.

N'empêche que j'avais mal et qu'un début de peur commençait à me troubler. Curieux signe que la douleur au centre de soi… On se pince un doigt, on se foule une cheville, on se blesse et ça saigne, on se cogne et en frottant ça passe, on se coince le dos et on ne sait plus se redresser… Dans toutes ces situations on a expérimenté, sinon toutes les raisons, au moins les traductions en symptômes perceptibles, observables. On se débrouille avec quelques gestes, quelques rectifications de position, quelques médicaments antalgiques et, le cas échéant, une consultation et des examens. Mais là, cette sensation à l'orifice de sa « vie » ne manque pas d'évoquer qu'elle pourrait s'enfuir par là sans retenir ses viscères… Maigrir, urgent de maigrir pour ne pas risquer d'éclater !

Surgissent les inévitables fantasmes s'agissant de l'endroit du corps pour lequel on a beaucoup de sympathie, où l'on est prêt à tout somatiser.

Dans la journée la douleur s'est accrue. Avec cette proéminence sur un ventre déjà « prononcé » on ne peut rien faire sans se cogner et on réalise alors qu'on se sert de cette partie du corps comme d'une fonction courante : on pousse un meuble avec son ventre, on y pose un livre et bien d'autres choses. Bref, on découvre qu'il est utile, voire efficace, d'avoir un ventre.

Broutilles !... Mais j'en parlerai quand même lors d'une prochaine consultation. J'avais du mal à m'entendre parler au médecin, de quoi ?... de mon « ombilic ». Difficile de faire plus ridicule, et moins fondamental, pour moi comme pour lui ! Serait-ce un phénomène d'adhérence des parois des viscères un peu comme la mère et l'enfant, une sorte de liaison fusionnelle des chairs. Un bourgeonnement.

D'ailleurs c'est bien juste après la naissance, après la séparation, la coupure, que de ce cordon les sages-femmes font rituellement un « nœud ». Est-ce toujours vrai aujourd'hui où les rituels ont une curieuse tendance à se déritualiser pour des raisons de modes ou de modernité ? Est-ce toujours le premier nœud de notre vie ?... Celui qui va nous suivre avec bienveillance au fil du temps avec cette indolence de savoir qu'on ne songera jamais à le dénouer. Et pour cause !... J'ai peur que ce ne soit pas le cas du mien. Mon nombril fane à vue d'œil… Il perd ses couleurs mais gagne en odeur : c'est pas la rose « moody-perfume » de chez Vilmorin !...

Permets-moi de te dire, sans vouloir te commander, que s'il est question d'odeur il est grand temps de consulter ! Tu fais comme tu veux… Ne pas ouvrir en grand les portes à la médecine, ce n'est plus de la pudeur ou de la coquetterie c'est ce que je qualifierais de stupidité aggravée...

Tu peux facilement imaginer que sous la partie visible tout ça ne t'a pas attendu pour évoluer à voix sourde... Respire cette odeur singulière, tu en garderas une impression ineffaçable pour le reste de ta vie... À moins qu'elle ne te rende plus sage. Fais, pour une fois, confiance aux hommes de l'art. Regarde-les comme des « colibérateurs » et non comme des « collaborateurs » dans cette guerre de la santé vers la guérison. Ceux qui souffrent ont besoin de thérapeutes guerriers et surtout de beaucoup d'optimisme exubérant. Difficile d'interdire les marchands de morosité et de sinistrose : leur poids médiatique et économique est incontestable. Alors aimons la vie, aimons ce qui est aimable.

Le Nœud

Chapitre III

Cette fois le printemps est là et bien là. Sans ma rate et les douleurs, ce dernier jour d'avril serait admirable…

De la fenêtre de ma chambre je vois, ému, sur l'étang, une poule d'eau sortir des roseaux avec trois poussins…

Les chiens, au loin, aboient faiblement. Un bruit ! C'est le moteur de la voiture de Roland qui arrive en pétaradant comme le font ces voitures mini « tous terrains » reconnaissables entre toutes.

Il se pointe toujours au mauvais moment ! Roland a vraiment le chic pour ça… C'est toujours quand j'ai quelque chose d'urgent à faire ou lorsque j'ai du monde, ou les deux. C'est le cas.

Bon, finalement c'est aussi bien comme ça. J'ai réellement une excuse valable pour lui dire de repasser ou que je rappellerai. Aucune envie de le faire, je n'en ai pas l'intention… Fatigant, le Roland !

Ce matin j'ai pris du retard. J'ai peiné à préparer le « laïus » pour ma mère. Je suis lavé mais pas encore habillé. J'ouvre la fenêtre. D'en haut je vois Roland sortir de son véhicule et me lancer :

— « Bonjour, comment ça va. Ah ! tu sais, je sors de l'hôpital. J'ai fait un infarctus. Putain, ils m'ont fait un pontage. Eh, con !

— « Ah, alors, ils t'ont ouvert là… » Je lui fais un geste de la main dans le sens du sternum.

— « Non, non… Il rétorque, surexcité : viens, descends ! Je m'en vois le diable tellement c'est grave, poursuit le Béarnais. J'ai le papier, je vais te montrer… »

Il farfouille dans sa voiturette. J'ai juste le temps de lui dire que je suis à poil, que j'ai de la famille, que je le rappellerai pour qu'il me donne d'autres détails. À ce prix il consent à partir… Ouf !

Roland me fournissait du bois, c'était un paysan célibataire vivant avec ses chiens comme on vit chez les chiens. Il buvait beaucoup de porto, en alternance avec quelques bières. Il m'avait rendu tant de services que je l'écoutais volontiers et rentrais dans son jeu de l'amitié. Mais, hélas, il me fallut deux ans pour me rendre compte qu'il avait sur moi un effet « anxiogène ».

Ses conversations nerveuses et rabougries avaient une tendance fâcheuse à ne s'intéresser qu'aux maladies : celles des membres de sa famille, puis après quelques avatars personnels, les siennes propres, acquises fièrement par des excès divers. Il était, comme le sont beaucoup de journalistes dans certains titres si friands de malheurs, « un passeur de nouvelles tristes ». Il les distribuait avec un talent et une générosité qui confinaient au professionnalisme ; se vautrait dedans avec délices.

Sur, environ deux ans, j'avais eu droit à tout. Sa mère et son infarctus, il me l'avait présentée, chez elle, calée dans un fauteuil à larges accoudoirs : le premier pour la bière, l'autre pour le paquet de clopes et un énorme cendrier, plein à craquer.

— « Avec la télé, fumer est son seul plaisir », m'avait-il exprimé voyant ma mine réprobatrice…

Il avait sa sœur en chimio, sa nièce avec une gangrène, Roland entretenait bien des malheurs… Il était sorti de la tragédie par le travail. Sa femme l'avait quitté très tôt. Bien qu'aveugle, elle avait séduit un autre homme… Roland, déjà gros travailleur, ne s'en était remis que par un brutal séjour dans la légion étrangère et depuis il bûcheronnait sans relâche. Des journées de douze à treize heures étaient fréquentes. Il aimait, disait-il, ce travail qu'il ne devait qu'à ses biceps. Il les montrait. Couverts de tatouages maladroits, ses bras semblaient plutôt faiblards, mais il faisait tout à l'énergie. Il se donnait à ses tâches. Il s'était dédié aux labeurs extrêmes pour compter à ses yeux dans une logique de courage héritée de la légion : honneur, loyauté, etc.…

Son dévouement pour sa famille devait à l'évidence lui valoir des regards avantageux. Une considération. Cette volonté louable, avec le temps, s'était transformée en hypochondrie, mais exercée sur les maladies de sa famille, faute d'avoir la chance lui-même, au moins une fois, d'être patraque…

Cette santé de fer, en peu de temps, allait abandonner son sort. Il était passé, mon Roland, à l'hypochondrie vraie, pour son compte. Sans prévenir ! Il me raconta ses premiers malaises… Une cascade de malchances déferlait en chaîne sur sa propre personne. Enfin, avoir du malheur à exposer… Je fis rapidement le rapprochement avec ma mère. Après un apprentissage de médecin imaginaire, ou plutôt d'amoureux de la maladie cantonné à celles des autres, venait le plein épanouissement de leur plainte sur de belles maladies, à « eux ».

Ma mère, comme lui, étaient des hypochondriaques tragiques. Non pas des tragédiens, mais des « tragico-cycliques », c'est-à-dire des acteurs qui se situent toujours sur le même cercle, ou quelque chose comme ça… Très narcissiques, pas vraiment asociaux, indécents sûrement !

Tragicocyclique : Roland l'était jusqu'à l'exposition publique. Cet amour-passion de sa mère s'étalait en tatouages sur sa poitrine, l'amour de la femme perdue sur ses bras, l'amour de la légion sur ses avant-bras avec mention de ses sœurs. Même les phalanges de ses doigts affichaient des déclarations passionnées.

Tragicocyclique : Roland l'était, jusqu'à « la contagion ». Le goût de la confidence allait inévitablement pousser les autres à l'apitoiement. Non seulement il se servait de ses malheurs pour obtenir quelques prêts d'argent vite transformés en dons, mais il vous entraînait dans son histoire jusqu'à épouser ses angoisses…

Les siennes pouvaient devenir celles des autres jusqu'à la pure contamination… Observation utile qui me contraint, pour me protéger, à ne plus le voir et me poussa à ne plus tenir pour indispensable le principe de rentrer dans la folie des autres… Fuir les fous tristes fut la règle !

Tragicocyclique : Roland allait l'être, jusqu'à la démonstration. Il finit par être malade pour de bon, mieux, hospitalisé ! Un malaise au volant de sa voiturette pétaradante le laissa dans un mur en dur à deux pas de chez lui, privé de sa connaissance. Le moteur sur le thorax, là précisément où était tatoué : « À maman pour la vie ». Il fut recueilli par les gendarmes soupçonneux de son taux d'alcoolémie. À juste titre ! Ouvertement, le contact avec un de ses postillons alcoolisés vous faisait virer positif, même à jeun…

Il buvait. Il disait que non, mais je l'avais vu à l'ouvrage. Les bières sans alcool n'étaient que la façade d'autres bières, de préférence belges dont j'avais surpris les cadavres traînant un peu partout. Le porto s'achetait en Espagne en bouteille de deux litres… Ses propos devenaient vite moins cohérents et, le soir, Roland avait la confidence facile.

C'est par petites touches, sans le questionner, bien que l'idée m'ait traversé l'esprit, que je compris assez vite qu'il avait tué sa femme.

— « Je l'aimais plus que tout », disait-il. « L'avoir, con, surprise, après un déplacement de quinze jours dans la forêt de Tronçais où le bucheronnage m'était payé le double, installée chez nous *avec un autre homme* m'avais rendu comme fou... Je ne faisais ces déplacements que pour financer l'achat de la terre qu'on louait... C'est elle-même qui l'avait souhaité... Devenir propriétaire : j'étais d'accord. J'avais convaincu mon patron de m'avancer l'argent en échange d'un engagement à faire ces chantiers forestiers loin, en France et à l'étranger. Tu me connais, putain, côté courage j'en ai !... J'avais le courage et, par amour, mes forces étaient décuplées, con ! Puis voilà, le grand projet s'était effondré... Le vide... le vide... le vide partout... Ce vide autour de moi... le vide dans ma tête. J'ai fait le vide... J'ai tout nettoyé... Tout... Puis j'ai pleuré... pleuré.... Ah putain ! »

Quel rapport pouvais-je bien établir entre l'histoire de cet homme et mon histoire avec ma mère. Sa mère, lui, il l'adorait, la portait sur son corps comme un étendard ou comme un bouclier, lequel, selon lui, dans son accident, avait stoppé l'écrasement de son thorax... Il lui devait deux fois la vie !

Peu importait les histoires de ce Roland ou de quiconque d'ailleurs. Je devais impérativement appeler ma mère. J'étais fin prêt. Le texte était au point... Il me faudrait un moment de calme. Demain matin je serai seul dans la maison... Personne pour me déranger... Oui, demain matin j'aurai l'esprit frais ! Se lever tôt et l'appeler avant qu'elle n'ait toute sa lucidité. La cueillir comme une rosée matinale. Dire que je m'étais interdit toute ma vie d'appeler qui que ce fut avant dix heures. C'est ce qu'elle m'avait inculqué. À huit heures demain : première transgression et première victoire. La suite filera comme un bas... Elle se laissera conduire, paralysée par mon fleuve matinal, coulant à gros bouillons, l'envahissant, pourquoi pas, avec plaisir… Elle, qui n'était jamais dupe, allait-elle tomber dans un laisser-aller confortable ? Une douce griserie ne pourrait que m'aider dans mon débit… Perfusion lente avec morphine : indolore mais mortelle. Et moi dans le rôle de l'infirmier-surprise. Projet noir mais blouse blanche !… Un peu ange, beaucoup Satan. Comment pourrait-elle amorcer la moindre contre-attaque… Inimaginable.

Je me sentais fort, j'attendais ce moment depuis des jours et des jours. Pourquoi avoir tant tardé… Non, pas de reproches, pas à moi… Au contraire, patienter avait rendu le flot incommensurable. J'étais, à moi tout seul, comme un barrage qu'on va délester ! Terrible mois d'avril où les pluies et la fonte des neiges me remplissaient à ras-bord.

À ce point je devenais dangereux. Finies la prudence et la circonspection, l'intervention s'imposait dans l'urgence.

Ma crue allait supprimer tout pont avec ma mère sans espoir de reconstruction. Juste colère de la nature quand l'homme jette des ponts qui entravent son cours. Impunément, ma mère avait entravé mon cours depuis tant d'années. Aujourd'hui, avec mon sacré « crabe » annoncé, l'heure était venue de frapper pour en finir ce 1er mai – demain – à la fois d'elle et moi !… Règlement de compte sans adversité.

Mais on était déjà demain. La seconde bouteille de Cointreau vide avait stimulé ma résolution. Il devait être tard ou tôt… Non, je ne savais pas l'heure. Tout ce que je savais, c'est que nous approchions de celle de l'ultime coup de fil. Nous approchions… Ne pas dormir… Ne pas dormir !… Rester au bon niveau d'alerte…

Facile à dire. Contrôler le sommeil ou la somnolence n'est déjà pas si simple en voiture la nuit : on ouvre la fenêtre, on hausse le volume de la radio, certains disent que téléphoner recrée de la vigilance. En réalité on ne peut rien contre le sommeil. C'est lui qui décide s'il vient. On se souvient d'un réveil, jamais d'un endormissement.

À cette heure c'est mon ventre qui me tient compagnie. Il veille sur moi. J'entends ses bienveillants gargouillis. Le silence de la nuit les amplifie. J'arrive parfois à les localiser nettement pour peu qu'ils soient sur un côté. Dès qu'ils sont au centre la douleur remonte au sternum. Juste derrière et, là, je sais que ce n'est pas l'œsophage mais le myocarde. Ah, si Roland savait, ce que je ne lui ai jamais dit !... Non seulement le cancer de la rate est avéré mais il vient se superposer à un état cardiaque affirmé depuis cinq ans avec la pose, à plusieurs reprises, d'angioplasties coronaires qui tiennent tant bien que mal. « Il fallait y aller mollo » avaient dit les cardiologues à l'époque mais je n'en avais rien fait et mon cœur avait pris l'habitude d'exister, de donner son avis, de juger mon comportement en me le signalant par cette barre verticale douloureuse si caractéristique. On croit avoir avalé une grosse bille, un « calot », qui semble coincé en bas de l'œsophage. Les deux organes sont si proches qu'ils brouillent les examens et trompent les médecins dans leur tentative de diagnostic. Source d'erreurs telle, qu'on a vu un brave chauffeur de taxi subir un double pontage alors qu'il ne souffrait que d'un reflux acide oesophagien.... Tout ça est bien amusant mais pas autant que mes premières douleurs au nombril d'il y a trois mois... Tordant !

Évidemment j'avais renoncé à en parler au médecin pensant que cet aimable saillie rose saurait d'elle-même se résorber et se faire oublier. D'ailleurs la douleur semblait plus douce et avec quelques précautions j'évitais de me cogner.

Et puis cette petite boule m'attendrissait. Son rose violacé me plaisait bien. L'effet sur ce ventre déjà si rond était décoratif et apportait une espèce de délicatesse. Mais surtout fixait mon attention. Croyez-vous qu'on se regarde le bide tous les jours, qu'on se soucie de son abdomen !... Aucun intérêt pour cette partie du corps sans noblesse. Roturière, nécessaire, domestique, fonctionnelle, mais rien de plus qu'une espèce d'intendance : les cuisines, les communs, la souillarde certainement pas une pièce de réception, ni de réflexion. Comment se pencher avec estime sur de la tripe. Aucune raison habituellement, sinon gastronomique.

Mais là ce jeune bouton de rose, cette protubérance marbrée, belle, avait quelque chose de précieux comme un cadeau inattendu. Un mamelon charmant, diaphane, sans aucune pigmentation, une bille pure d'onyx, une cerise sur le gâteau du grassouillet qui ne masquait pas ma « peur au ventre ».

Ça, c'était au tout début, il y trois mois, avec le charme de la découverte. Puis vint une autre coloration comme l'aire rougeâtre qui entoure un point d'inflammation mais moins tendue et moins douloureuse. Probablement parce que j'avais beaucoup maigri… Sans le moindre effort, car j'avais perdu l'appétit. Les encouragements de ma compagne m'installaient dans l'illusion d'avoir retrouvé un corps de jeune homme. Il y avait une régression. Peut-être pas celle qu'on imaginait. Dans l'ensemble je m'étais rassuré. J'avais même réussi par des gestes pas trop maladroits à faire rentrer la partie débordante devenue trop voyante, foncée et inélégante dans la perspective proche d'une fréquentation des piscines. J'avais réduit et remis à sa place cette hernie ombilicale somme toute banale.

Hélas en peu de temps le mal s'était répandu à son rythme. À l'intérieur, il faisait son chemin. Il l'avait fait si bien qu'entre la première consultation et hier, à l'annonce du diagnostic, on notait à l'observation que l'hydre avait traversé la paroi de l'intestin et celle de la vessie. Ces histoires de péritoine sont tellement compliquées à expliquer qu'on avait renoncé à me décrire quelle autre paroi voisine serait à son tour menacée. Sans bien comprendre mon absence de douleur on avait préféré me faire une piqûre de morphine. Ce qui fait qu'à cette heure de la nuit je me sentais très tonique. Je continuais à me persuader de ne pas dormir et, pour l'instant, je tenais sans difficulté. Demain serait un grand jour. Il ne fallait pas qu'une nuit vienne créer une rupture. Je la voulais blanche… Quand on danse on danse : il n'y a pas de nuits entre les jours. Il n'y a que du jour !

J'étais grand ! Je savais réduire une hernie du nombril de mes propres mains sur mon propre corps… Il n'y avait aucune raison pour que je ne terrasse pas une vieille nombriliste de presque quatre-vingt dix ans… J'étais actif… Je ne dormais pas. J'étais une « hystérie collective » à moi tout seul ! Métaphysique débile ?

Je n'avais aucun souci concernant l'inévitable apoplexie que produirait ma diatribe sur une femme de cet âge. restait une inconnue : la vitesse de survenue de ladite apoplexie ou une forme approchante. Peu importait qu'elle soit frappée d'un arrêt brusque ou retardé, total ou plus ou moins complet. Il était impossible avec mes propos et leur violence que les dégâts cérébraux ne soient pas définitifs.

La double accusation de meurtre de son mari puis de sa fille, l'annonce de ma maladie puis de mon désir de me supprimer en avalant de la Nivaquine au beau milieu de l'appel téléphonique feraient une telle somme qu'elle perdrait tout dans un laps de temps forcément très court : fin de la respiration, perte de la circulation sanguine et perte de la connaissance… Je devais m'attendre à rester seul au téléphone sans plus un son, sinon peut-être un râle respiratoire, un hoquet congestif. Pour moi tout serait neuf puisque comme beaucoup, je n'avais pas expérimenté l'assassinat verbal téléphonique de toute ma vie. Il y a un temps pour tout ! Aurais-je le temps avant l'effet de la Nivaquine de prendre quelques notes sur son agonie. Ce serait formidable. Une valeur de témoignage incontestable dont ma génération pourrait tirer le meilleur profit. Tous ces petits gars de « soixante-huit » étaient d'accord, conscients qu'on ne pouvait pas avoir d'espoir pour ce monde trop plein : sept milliards aujourd'hui, neuf demain… Sans une logique eugéniste, la planète ne s'en sortirait pas ! Le problème fondamental se résumait à la nécessité d'organiser des fins dignes mais nombreuses et surtout très prématurées par rapport aux défis imbéciles des gains d'espérance de vie qui sur la fin ne produiraient que des monstres hors de prix pour ce monde en déficit chronique.

Mon acte était courageux. Je sentais derrière une authentique mission à valeur d'exemple oh, pas de quoi m'assurer une postérité dont je savais qu'elle était sotte et fausse monnaie, qu'il n'y avait rien à en attendre de solide dans ce monde où les peuples, dont on ne travaillait que la case émotionnelle sans vergogne, profitant de leur incommensurable crédulité, finiraient , je l'espérais, par en concevoir de la déception, puis de la défiance et finalement lassés par le cycle révolte-répression se réfugieraient dans la dépression épidémique des egos et, ultime sursaut d'orgueil, le suicide pandémique. Gagné !

Consuméristes dindons, les peuples allaient finir par se reprocher d'avoir été trop gavés, mais pas tant de produits, que du plaisir d'acheter. D'avoir finalement trouvé le goût des magasins de gâteaux plus fort que les gâteaux eux-mêmes.

Prise de conscience tardive que leurs besoins suggérés par l'émulation collective étaient devenus supérieurs à leurs vieux instincts naturels dont celui-là même de la survie. Alors, dénués de leur instinct de survie, ils glisseraient, enfin facilement, dans le processus d'auto-destruction plus ou moins volontaire, plus ou moins long… Je ne serais, hélas pas là, pour observer cette saine réaction dont j'aurais été, malgré moi, le fervent pionnier. Toutes les révolutions dévorent leurs enfants !

Mais revenons à mon noble dessein d'occire ma mère ; j'avais bien pensé dans mon combat à une attaque sous l'angle de son nombrilisme… La traiter d'adepte des adorateurs du nombril, ces étranges « omphalopsyques », moines orthodoxes du Mont Athos, qui préconisaient d'incliner la tête sur sa poitrine et fixer attentivement son nombril, siège des forces de l'âme, en attendant que surgisse de leurs ténèbres, l'éclatante lumière de la satisfaction divine… *Lux ex tenebris* ?

De tout cela, bien sûr, elle n'aurait rien entendu. La complexité ou l'originalité de la chose m'aurait fait courir le risque de glisser un élément distrayant là où je disposais d'armes si redoutables puisqu'au bout de l'explication c'est à une accusation de, non pas deux, mais trois meurtres qu'elle devrait se plier puis succomber. Je lui signifiais sa culpabilité dans la mort de son mari, dans la mort de sa fille et finalement dans celle de son fils. Comme elle n'en avait sans doute pas conscience le choc de l'attaque serait saisissant, fatal pour son nombril et d'autant plus terrifiant pour ses fonctions cérébrales que, malgré son extrême fatigue, elle avait gardé toute sa tête. Elle prendrait de plein fouet le coup et le contre-coup. Elle serait hagarde, muette. Après avoir perdu la vue, perdu l'oreille elle perdrait la voix ; tous les autres sens et fonctions suivront. Le processus devenait infaillible… Bien sûr, je ne dormais pas ! Pas question de s'endormir, moi j'ai tous les sens en éveil. Cette intense excitation me protège de l'endormissement. Tant mieux ! C'est sans doute le grand réveil, justement, ce cette « petite-enfance » qui, paraît-il, ne nous lâche jamais mais nous suit jusqu'à la fin.

Sa visite du « grand soir » trouvait un surcroît d'ardeur dans le fait qu'elle serait hors de punition dès demain puisque je ne serais plus ! Avait-elle compris, cette tendre jeune-enfance, que, moi parti, elle n'intéresserait personne puisque chacun a la sienne ? À moins, au contraire, qu'elle ne trouve une nouvelle vigueur à vivre « avec l'inconnu devant elle », dans un futur tout exotique… Pourquoi pas ! La jeune-enfance est par essence aventureuse…

On dort peu, à la jeune-enfance. C'est une comédie pour les mères d'exiger la sieste alors qu'on ne demande qu'à s'activer. On a envie de tout, sauf de dormir. À l'heure qu'il est, j'ai envie de pas grand-chose, sauf de dormir. Mais rien dans cette chambre blanche dont je connais chaque détail, chaque angle de vue, n'est fait pour heurter le regard. Tout dans ce décor ancien est respectueux de la paix des yeux. La nuit, ça l'est davantage encore. C'est une chambre, une vraie, tout mais pas un endroit pour veiller même avec pour compagne sa « petite-enfance »… Et l'heure qui vient.

À part une gravure de Delacroix illustrant une scène dans le Faust de Goethe je n'avais rien à fixer qui pût m'aider à soutenir la belle énergie de ma visiteuse, pas très concrète finalement et surtout constituée de pensées fugaces, de photos fanées dont beaucoup me montraient, sur les portraits, l'air réfléchi mais jamais avec une réelle ressemblance. Je ne ressemblais pas à ma petite-enfance !...

Pourtant il fallait bien que je regarde quelque chose, quelque part sinon je risquais tout bonnement de fermer les yeux. Alors je persistais à fixer cette gravure noire de Delacroix. Et, à chaque fois, je ne pouvais m'empêcher de penser au billet de cent francs représentant son célèbre tableau « la liberté guidant le peuple » qu'on m'avait refusé à plusieurs reprises dans des pays arabes à cause de cette poitrine dénudée indécente…

La pièce devenait peu à peu un théâtre obscur. Je me retrouvais dans l'exaltation d'un petit « Méphisto ». J'allais finir par m'endormir malgré cette fièvre qui me gagnait créée par cette métamorphose soudaine en diable de comédie.

Un verre sur ma table de chevet : je n'avais pris aucun des médicaments censés traiter ma rate et me prolonger… Je n'en avais pas davantage pris le matin. Et l'intention était de ne pas commencer ! Pourquoi les avoir achetés ?... Idiot, car la pharmacienne, une bonne amie, savait maintenant à peu près de quoi j'étais atteint, tout en ignorant le degré et donc ma date de départ. Pour ça j'étais le seul à décider !

J'avais bu, après dîner, pas mal de liqueur genre goût orange… Petites lampées par petites lampées on arrivait à la quantité idéale pour que les rêves jaillissent. Je ne dormais pas encore que j'avais déjà la belle pharmacienne dans mes pensées. C'est, en jardinière, qu'elle m'apparaissait. J'aimais dans sa tenue, avec chapeau de paille, cette partie de chair que ses longues jambes laissaient voir entre son short noir et ses bottes… Les rêves vous chahutent ! Ils n'en font qu'à leur tête… Impossible d'avoir une réflexion sérieuse sans qu'elle ne dérape en images involontaires, en surgissements inattendus.

> *« Voici les heures noires et les cieux caverneux.*
> *Voici les précipices où le sommeil t'attire. »*

Cette nuit-là fut un festival. Malgré leur totale incohérence je n'en oubliais aucun. Au point de me demander si j'avais vraiment dormi ou étais rentré dans un état intermédiaire entre la conscience et la folie délicieuse. Le temps s'écoule mais… « le temps c'est cool »… Pourquoi me raconter de mauvais jeux de mots. Je déraille, divague, quoi encore ?...

— « Le bonheur c'est de désirer ce qu'on a », suis-je en train de dire à ma pharmacienne. Elle rosit dès que je l'embrasse. Ses immenses paupières émouvantes se baissent… Je les baise toutes les deux.

Elle me dit qu'elle n'est pas dupe pour la Nivaquine… Elle sait à quoi je la destine… Elle me suggère qu'il y a beaucoup plus efficace comme par exemple la lecture des « Souffrances du jeune Werther » de Goethe dont Madame de Staël disait qu'elle aurait causé plus de suicides que la plus belle femme du monde… Elle ajoutait, qu'elle-même, avait eu, à dix-huit ans, une idylle avec Goethe dont elle ne s'était jamais vraiment remise…

Une autre bonne et vieille amie me susurre qu'elle a acheté deux nouveaux canapés. Elle me précise qu'ils sont en peau de mouton. Je lui rappelle qu'elle n'a jamais pris de mouton dans les restos que nous fréquentions à Montparnasse, au prétexte que ce sont des animaux « trop mignons ». Elle me rétorque que pour le canapé, ce n'est pas pareil, car on ne les a pas tués !... Oui, les moutons.

Peut-elle confondre l'exploitation de la peau comme on le ferait de la laine, sans la mort ?...Vais-je pouvoir avoir la peau de ma mère sans la tuer ?... Pas si déraisonnable après tout d'exiger un moratoire dans son hécatombe familiale…

Je ne sais plus si la solitude s'est accrue cette nuit-là mais je me souviens avoir eu l'idée de brancher le micro-onde en le laissant sonner pour être sûr d'être appelé à temps réguliers, façon d'être réveillé par des coups de « téléphone »… Est-ce ce soir-là que je me suis vu dévaliser ma propre cave et sa collection de vins constituée par des années de fréquentation des ventes aux enchères à l'hôtel Drouot et autres salles des ventes de Paris. Saluons la fin d'un épais mystère. Je comprenais enfin pourquoi j'avais été cambriolé à plusieurs reprises : onze fois en vingt ans ! C'était moi le cambrioleur. Le fait que tout s'explique venait de clore des années de psychose. À la place de l'énorme traumatisme, il y avait, cette nuit, en lieu et place, une étrange jubilation. C'était la nuit des mystères qu'on élucide. Quel veinard !

Je baignais dans un univers peuplé de solutions. Si un problème de ma vie passée affleurait c'était pour mieux se résoudre, se dissoudre, s'évaporer dans un nuage de félicité. Tout ce qui avait pu me paraître noir devenait pur. Limpide ! Alors pourquoi se compliquer tellement l'existence puisqu'il suffit de laisser la nuit gommer toutes les difficultés, faire son affaire des choix cruciaux, des atermoiements, aussi bien les dilemmes psychiques que les douleurs physiques.

La nuit, c'est l'Olympe des Grecs antiques, leur paradis : un lieu où l'on n'a pas peur, où l'on n'a pas mal, où l'on n'a pas soif. Un lieu sans rivalité, sans compétition, sans gaz d'échappement, sans stress, ni snobisme. Il fallait que je pense à en parler autour de moi… Quoique. Un endroit pareil n'était pas à promouvoir. Horreur, il serait fréquenté, pire il deviendrait touristique puisque tous se vanteraient d'y être allés !... Ils se déplaceraient, et en groupe, pour « faire » ma nuit comme on fait l'Egypte, comme on fait les Baléares, le Mexique si coloré, les Indes si pauvres, le Maroc si bon marché etc... D'un autre côté, je verrais du monde, sans avoir recours à la sonnerie du micro-onde pour meubler mon silence... Franchement non ! Mon vrai luxe, c'est ma nuit. Ne l'habitent que ceux que j'invite et encore ce n'est pas moi mais mon esprit malade qui décide qui vient ou ne vient pas. À sa guise.

Ma tête a ses têtes, surtout celles qui lui reviennent quand la mémoire ne défaille pas.

Cette nuit c'est une espèce de loterie qui gouverne celles qu'on m'envoie, au hasard. Ma tête, cette inconnue, connaît des têtes que je connais parfaitement mais beaucoup d'autres qu'elle est seule à connaître. Hélas, elle a fait un carnet d'adresse ou un album de photos dans un désordre innommable. Est-ce vraiment de sa faute si elle l'ouvre à n'importe quelle page ? Pfitt... Heureusement elle ne l'ouvre pas à n'importe qui. Reconnaissons-lui un effort de sélection louable. Tant mieux !

Si ma tête s'occupe bien de moi, si elle me considère comme une personne dépendante, je vais sans doute devenir moi-même... Déjà, elle m'épargne les mauvaises rencontres, ce qui n'est pas si mal quand on est dans sa nuit noire.

J'aime cette nuit, parce qu'elle fait tout pour que je m'aime... Avec elle, j'ai l'amour de la vie, alors même que je suis à l'article de la mort...

Oui, l'article de la mort ; parce que la mort a un article et c'est beaucoup mieux comme ça ! Imaginons que la mort n'ait pas d'article. Essayons, un instant, d'envisager que la mort n'ait pas d'articles : ni de « la », ni de « une », plus d'articles définis… Elle sombrerait dans un vide ennuyeux, lassant, triste, sans vie et pour tout dire : mort. Un comble… Par chance, il lui reste, tout de même, six articles possessifs et, c'est là sa force. Avec ces articles-là, elle nous possède. Si je dis, en pensant à ma mère : « Sa » mort, c'est bien sûr la mort de ma mère mais c'est aussi une mort qui appartient à la mort… C'est « sa » mort à la mort. Et si je dis : ma mort, c'est exactement la même chose. On n'en sort pas ! Dire qu'on pense naïvement que les rêves, même les pires, sont formidables parce qu'on peut en sortir. Facile à dire. Il suffirait de se réveiller et on chasserait instantanément les horreurs de la nuit. Comme si celles du jour étaient préférables. Ça rime à quoi ?

J'aime cette nuit parce qu'elle fait tout pour que je m'aime. Déjà dévot, comme un jeune converti, je me passionne pour la *tolérance*, celle qui demande tant d'indulgence pour supporter, avec patience, sans murmurer, les défauts de tous les autres… Les exemples sont innombrables : les enfants au restaurant ou, pire, les nourrissons dans l'avion, les groupes de vieilles dames jacassantes dans une exposition, les grosses et les gras-du-bide qui se baladent en camping-car avec la carte sur les genoux pour cacher leurs coups-de-soleil-rouge-vif, les automobilistes qui disent être « dans un bouchon » alors qu'ils « sont le bouchon », les gens qui ne se lavent pas les mains avant de passer à table, qui sucent leur couteau, qui boivent avec les coudes sur la table… J'arrête. Bref, tous ceux qu'on subit sans pouvoir leur appliquer le moindre correctif, ni même, au sens didactique, leur donner une leçon… Il est, de toutes façons, toujours trop tard, non pas pour les remodeler mais, parce que le mal est fait.

Allez demander à un motard en Harley-Davidson de régler moins fort le bruit de son moteur, demander à un propriétaire de terrain de ne pas construire sa maison car il vous confisquerait la vue, à un propriétaire de chien s'il est gentil ou méchant ? Bon, j'avais dit que j'arrêtais ! Tout ce qui peut être interdit à un individu sans permis est autorisé à la foule. Allez contredire un slogan dans une manif. Allez dire au peuple américain qu'il vit à crédit sur le dos de la planète. Allez dire au peuple juif qu'il n'est pas chez lui en Palestine et même à côté, alors qu'il tient sa Terre de Dieu, lequel leur a donnée parce qu'il leur avait « promise » sans que tout ça passe chez le notaire. Allez dire aux immigrés arabes que vous préférez les kabyles parce qu'avant ils ont été chrétiens. Allez dire aux joueurs de loto qu'ils n'ont aucune chance de gagner…

Eh bien oui, dans ma nuit, ma nuit à moi, celle qui m'aime et me fait m'aimer on pouvait tout demander et surtout tout obtenir !... La *tolérance* ? Oui ! Pas d'enfant dans les restaurants, ni dans les avions, pas de grosses dames ni dans les expos, ni dans les camping-cars, pas de motards en ville, plus aucun touriste américain sur la côte, plus de juifs en Israël mais tous conseillers des chefs d'état de la planète. En revanche tous les noirs, réinstallés en Afrique, la leur, avec de nouvelles frontières, où tous les campings de France se trouveraient délocalisés. Ils en seraient les nouveaux propriétaires de pleins droits… La *tolérance* ? Oui !

Dans le meilleur des mondes de ma nuit blanche immaculée, personne ne mangeait avec les doigts, personne ne commençait une lettre par « je », personne n'avait de compte en banque avec découvert, personne n'habitait plus sur le littoral… Comme on avait fait de l'ordre on avait fait de la place, comme on avait tout organisé il y avait de l'ordre et il y avait de la place. Ce qu'il fallait pour ne pas se gêner et tous s'aimer…(?) … On avait suivi le même système d'éducation que celui que ma mère avait prodigué à ses enfants. Le bon exemple ou peu s'en faut ! Je commandais à tout. C'était moi le créateur de toutes choses… Je les avais agencées pour qu'elles tournent autour de moi. Autour de ma seule personne. Mes neurones-miroir ne me renvoyaient que mon image. Celles des autres, les plus contrariantes, avaient disparu au-delà. Difficile de voir cet au-delà : la conscience y est plus lente que la perception sensorielle. Comment faire avec des sens sans conscience ? Voilà qui, sûrement, expliquait la désertion de tous les autres, sans raisons valables. Plus d'images des autres dans cette nuit qui m'aimait. Pfitt…

Plus d'images sinon une : un *flash*, ma mère, très jeune… très souriante… sympathique… là, assise sur un siège… seule. Une plage grise… mais « elle », souriante…. Elle, comme je ne l'avais jamais vue… image furtive, mais image bien réelle… image d'un temps révolu, mais image bien actuelle… image fixe mais image tellement vivante… image figée mais image si présente… Ma mère était ravissante, tranquille, avenante… Un âge que je n'avais pas connu. Comment ma tête de nuit pouvait-elle m'envoyer une image que je n'avais jamais pu fréquenter puisque je n'existais pas encore… Un autre au-delà. Un au-delà d'avant… sans doute le plus beau, avant !

Le beau est fugitif : image, rêve, mère, ce si joli « faux-souvenir » avait, après deux secondes, fermé le rideau…

Fini, mais, cette fois, instantanément transformé en « vrai-souvenir » comme photographié… consultable à volonté. Je pouvais dans ma nuit d'Olympe faire apparaître ou disparaître la belle image. Si charmante, j'avais envie de l'embrasser. Après tant de temps j'étais poussé par une force à peine imaginable vers l'image. J'étais attiré par elle. Il y avait du sentiment ! Quoi, de l'affection, d'elle pour moi, de moi pour elle ?...

C'en était trop pour mon cœur que cette sorte d'amitié maternelle… J'essayais de résister à cette tentation qui venait me visiter et tenter de joindre mon amour à son amour… Désormais mon combat allait devenir inutile. Aucun contrôle de l'image qui s'animait malgré moi… Je la voyais, belle, attirante, porter une main à son sein nu. Des mots connus d'elle seule m'embrasaient le ventre. D'où les tenait-elle pour que mon corps s'affole ?... Ce sourire selon son cœur et sa chair palpitante formaient la figure secrète qui n'invitait pas qu'à la tendresse mais à davantage… Que se passait-il sur cette plage d'Algérie… Déjà je l'avais suivie… Déjà je m'étais enivré de son souffle… Déjà j'avais bu toute la magie de l'amour sur ses lèvres… Les yeux levés vers le ciel, à la lueur des éclairs, je tenais mon épousée dans mes bras sous le faisceau voilé de l'astre obscurci.

Pompe nuptiale, digne de nos malheurs et de la coupable grandeur de nos amours. Superbe baie de sable blond d'Oran étend, impure, tes vastes espaces et les lambeaux de brume de tes nues comme les rideaux pudiques de notre couche ! Soleil et lueurs enflammées venaient former les flambeaux de notre doux hymen !.... Ah, affreuse et sublime nature n'es-tu donc qu'un apparat préparé pour me tromper ?...

Sauras-tu cacher un moment, dans tes splendides horreurs, la félicité d'un homme… d'un fils et sa mère dont les corps mêlés et débauchés par leur désir, s'épuisent, immortels ?

Je touchais un instant de bonheur quand tout à coup un impétueux éclair, suivi d'un éclat de foudre, sillonna ma nuit devenue brutalement jour, déchirant le matin triomphant.

Je fuyais mon rêve… dans le silence qui succède à une tempête, j'entendais au loin un chien lâcher ses premiers aboiements… Un livre tomba de mon lit : un très vieux Chateaubriand. Il alla rejoindre un vieux polar de David Goodis : « la lune dans le caniveau » et le dernier numéro du « Point » qui titrait sur la Tunisie. Je marchais, dans mon saut du lit hésitant, sur un petit opuscule titré « Sade Polémiste » que j'avais parcouru distraitement lors de sa dernière réédition. Malgré sa petite taille j'avais buté sur celui-ci car il contenait, comme un sandwich l'aurait fait, un autre opuscule du même Sade modernement intitulé « Français encore un effort »… Les deux s'épousaient depuis fort longtemps. Difficile de savoir lequel servait de signet à l'autre, pour distinguer quelle page de l'un ou de l'autre méritait cet assemblage.

Intrigué, j'attrapais l'ensemble. Le premier sous-titré « Idée sur les romans » s'ouvrit page 27 où un paragraphe était signalé d'un fort trait de crayon :

> *« Ô toi qui veux parcourir cette épineuse carrière, ne perds pas de vue que le romancier est l'homme de la nature ; elle l'a créé pour être son peintre ;* s'il ne devient pas l'amant de sa mère dès que celle-ci l'a mis au monde, qu'il n'écrive jamais *(…)*

s'il entrouvre avec frémissement le sein de la nature pour y chercher son art et pour y puiser ses modèles (...) qu'il suive la main qui le conduit : il a deviné l'homme, il le peindra ; maîtrisé par son imagination, qu'il y cède, qu'il embellisse ce qu'il voit... voilà celui que nous lirons. »

Sade parlait bien de devenir *l'amant de sa mère* ! Ma confusion était grande. Je mis ça sur le compte des bouteilles de Cointreau que j'allais devoir franchir pour atteindre la fenêtre et m'offrir une grande goulée d'air. Si frais que j'éternuais. D'autres aboiements venaient se joindre aux premiers... Un jour banal, sans goût, commençait. J'ouvrais la fenêtre côté étang. Stupeur. Une cane sortait fièrement sa couvée de sept ou huit canetons... À aucun moment, malgré ma surveillance quotidienne, je n'avais même, une fois, aperçu le couple, durant l'hiver, s'occuper aux nécessaires préparatifs qui finiraient par donner la vie... Et quelle vie !...

Alors cette « mère de sable » pourquoi ce trouble ?... Maintenant il faut parler haut et clair, ne pas chercher trop loin. Plus vite on comprend, plus grandes sont les chances d'arriver à la vérité. Allez, en cru : cette Algérienne ressemblait à ta mère jeune, ou au peu que tu avais retenu... Vas-y, fâche-toi, c'est le moment de régler son compte à un étrange rêve !... Celle qui t'avait donné le « jour » allait s'offrir ta « nuit » ?...Et il y en aurait d'autres... Décidément cette cérémonie littorale, achevée dans la dune et les oyats, t'avait marqué plus que d'autres. Les nuées de brumes ou cette tempête de sable, se mêlant à vos baisers, se glissant entre ses seins, avaient précipité la fin. Depuis, cette grandiose sensation te visitait souvent jusqu'à devenir une pensée amie par sa fréquence et un souvenir trop hallucinant pour que tu le considères comme réel. Il t'était facile de classer certaines images dans le domaine du fantasme. Au bord de l'eau tout est différent, tout change tout le temps. C'est une photo pas même située dans son époque, tout juste localisée sur un bord de la Méditérannée. On s'arrange avec les choses, mais, là, tu as rendez-vous avec tes réalités. La vraie vie !

Puisque je ne pourrais plus, de mon vivant, entretenir l'étang, les canards s'en occuperaient… Pourvu que leur mère ne s'envole pas, ne les laisse pas, ne les abandonne pas. Leur père, le beau col-vert, n'a, pour ainsi dire, jamais été là. Parti danser… trop volage, comme tous les pères… à oublier !... Trop inutiles… Ils finiront tous voués à une damnation mémorielle. Autant les effacer au plus vite, pour laisser les mères faire à leur guise : construire leur vie en organisant tout à la fois leurs différents métiers de mère en les couplant aux divers métiers des hommes. Elles sont qualifiées pour réussir cet exploit, et davantage encore. Beaucoup d'hommes aujourd'hui peuvent en témoigner car ils en ont, pour beaucoup, le souhait, et peut-être, quand même, l'envie. Ils entendent leurs appétits : leur faim justifiera les moyens… Elles sont capables de faire ce qu'ils sont incapables d'imaginer !.... Ok ?

C'était elle, c'était moi, c'était nous. Alors, quoi, ou la copie pouvait prétendre être l'original ou la copie était étrangement originale ?... La fureur de ces amours au beau milieu de nulle part sur une plage nue d'Algérie, cette étreinte éperdue qui échappait à tout sexe-contrôle, au-delà même des frontières du plaisir fou que j'avais tenté d'explorer, ne me tourmenteraient plus longtemps même si mes plans s'en trouvaient bousculés. Pour ce qui me concernait je pouvais avec plusieurs méthodes assurer mon exonération complète de ce monde y compris aussi celle de ma honte. Je ne la voyais pas s'embarquer pour l'au-delà. Elle resterait bien là… Une nouvelle infirmière se penchait sur moi, laissant apparaître la totalité de ses seins dans l'échancrure de sa blouse, jusque là rien d'étonnant… Mais quand elle me dit que j'avais l'accent parisien, elle, cette rocailleuse béarnaise, avec ce petit racisme innocent alors, je compris que tous les espoirs étaient permis.

Cette infirmière était tout sauf une inconnue. Je pouvais même, honnêtement, prétendre que je la connaissais sous, et dessous, toutes les coutures… Je l'avais connue lors de mon dernier séjour dans cette clinique. Son sourire comme ses grandes fines paupières avaient fait irruption dans ma chambre 212 et dans mon demi-coma sous les apparences d'un prolongement des rêves bleus du « post-op ». C'était elle ! Je l'appelais Julia Roberts. C'était une blonde hirsute, vivante, aux œillades dévorantes, aux sourires carnivores. Ambitions légitimes, elle me dit terminer une école d'infirmière avec des cours très pointus sur l'anatomie, pour se perfectionner en vue du bloc.

L'anatomie, je connaissais ! Je lui proposais de lui en donner des cours du soir et pas par correspondance ! Rires et déhanchements… Que son corps était mobile ! Je la questionnais avec malice sur la longueur du gros intestin : combien ?

— « Le grêle : 7 mètres, le colon : un mètre 50 ! » dit-elle.

Je la félicitais pour sa générosité et la mis au défi, le geste aidant, de me prouver que, sous sa blouse si légère, elle pouvait bien cacher un grêle de 7 mètres et non pas 6 comme tout le monde. Je vérifiais que, comme la dernière fois pour une angioplastie, elle ne portait ni culotte, ni soutien-gorge. Et d'un coup tout me revint dans l'ordre et la vigueur de notre aventure.

Je venais de commencer mon installation en Béarn par un syndrome coronarien aigu et l'intervention qui allait avec. Elle était encore débutante mais sa présence devait d'emblée me chauffer le sang. Le simple fait qu'elle quitte ma chambre faisait redescendre le monitoring de « fréquence cardiaque » de vingt battements par minute : de 90 à 70. Un signe !

Mais le bas du ventre brûlant continuait son expérience d'énergie durable jusqu'à la tendance priapisme comme si je sortais du Crazy-Horse… Il fallait vraiment que je la revois. J'avais par sécurité noté son téléphone sur un papier gribouillé qui ne quittait pas mon portefeuille.

Elle s'appelait Anastasie. Un père bordelais et une mère slave lui avait valu ce gentil prénom qui n'avait pas traîné, dans les couloirs du service de chirurgie où elle officiait en salle de réveil, à lui mériter le sobriquet de « Ann-Réa », violent raccourci pour Anastasie-Réanimation ». Invention de quelques carabins qui n'attendaient qu'une garde de nuit pour compléter la formation théorique par une solide pratique animation-réanimation…

Elle avait de superbes ignorances à combler… et quand les profs sont médiocres on prend des maîtres. C'est ce qu'elle ne tarda pas à faire dès notre premier rendez-vous à ma sortie nocturne de la clinique.

La pizzeria du quartier n'avait pas de carottes râpées… Elle en exigeait ! J'obtempérais en lui affirmant que j'en avais toujours chez moi. Hésitations de pure forme et nous embarquions sans désaccord de fond. D'autant que je la comparais à Julia Roberts, laquelle m'avait, en passant, beaucoup déçu dans ses derniers films…

Elle raffolait de Julia Roberts. Je lui dis qu'elle était mieux que l'actrice. Elle raffola de mes compliments. J'aimais lui en faire. J'avais presque la sensation d'être sincère tant elle les aimait.

Elle prit sa Kangoo. Une voiture si commode pour contenir en permanence son vélo de trial, son casque et son petit à sac à dos. Elle en faisait par plaisir et discipline vingt kilomètres par jour. Vingt kilomètres ? J'imaginais déjà à son retour la prendre le corps humide et les muscles tendus par l'effort… Pamoison assurée.

J'avais observé que la fatigue du sport ou de la gymnastique donnait à certaines femmes une appétence très particulière dans l'amour physique. Une des rares vertus du sport que de leur voir exercer un ultime spasme du vagin à l'instant exact du plaisir masculin. Générosité sympathique, malice ou supplément de jouissance pour elles aussi ? Une des rares vertus du sport mais une vertu sublime pour des femmes « rares ». Il y avait de l'autorité dans cette délicate pratique altruiste.

— « Tu l'as appris ou découvert naturellement ? » avais-je osé lui demander en lui mordillant un sein, petit mais pourvu d'une longue et fière tétine redressée.

Elle m'avait répondu de me taire et de continuer avec l'autre téton. Je l'absorbais avec désir d'une langue vorace et enveloppante, sans le moindre vice de forme.

Elle ne voyait pas. Elle ne savait pas… Elle ignorait tout de ce dont je parlais à propos de ce « spasme en étau »… Son regard disait l'inverse… J'en déduisais qu'il devait s'agir d'une pression réflexe, sans doute involontaire, et finalement sans lien direct ou indirect avec la pratique du vélo-cross ou même du cheval, que, d'une façon générale, les femmes sont des sorcières par nature et des faussaires par principe. Simulation ou stimulation n'était qu'une seule et même notion confondue dans la complexe et extravagante sexualité extra-féminine.

Qu'il y ait plaisir ou non dans l'acte c'était, à n'en pas douter, dans leur « ensorcellement de nous » que régnait leur vrai plaisir. Mais, qu'on pouvait aussi prétendre le contraire sans se tromper tant sur ce sujet on ne faisait que se tromper avec une méritoire constance de gamin débutant.

Je me souviens que sans complexe je persistais deux ou trois autres fois à lui administrer mes brefs cours d'anatomie appliquée.

— « Je sais, divine Anastasie, parfaitement comment se nomment ces petits renflements que contiennent un soutien-gorge. Je pense même à la simple palpation être capable d'estimer leur poids au gramme près. À condition de ne pas se précipiter on arrive à ses fins. Tout s'apprend, question de patience autant de que doigté. »

Je n'ai en revanche aucun souvenir, sinon ses rires, de ce qu'elle me répondait. J'enchaînais :

— « J'adore les cliniques de province. Ce sont de véritables temples voués au culte de la propreté, à l'ordre, à l'hygiène. Une tâche forcenée concernant une bonne moitié de ce clergé sanitaire à la recherche d'une conception immaculée du monde nouveau de la Santé. »

— « Toutes ces mains agiles qui frottent une, deux, ou plus, trois fois le même endroit, le même détail, du sol au plafond. Toutes ces silhouettes blanches devaient être venues sur Terre ou avoir été sélectionnées pour leur absence de péché originel !

Elle réclamait davantage. Elle semblait impatiente.

— « Ce don de départ pourrait vous exempter de formation ? »

— « Un talent ça se développe » réussit-elle à rire-dire.

Ses tétons avaient encore grandi et durci sous mes caresses à mon exquise surprise.

— « Un téton aussi ça se développe sans formation ».

La machine à souvenirs venait de s'interrompre. En effet deux papillons de jour dansaient dans ma chambre dans un ébat follement amoureux. Quand je voulus retrouver Anastasie dans mes pensées, c'est une autre très forte infirmière qui venait exiger que j'enlève ma chevalière. Lui ayant dit que c'était impossible, qu'elle était à mon doigt depuis le milieu du XIIIe siècle, elle me demanda si je venais de Marseille et s'employa avec force gel de savon à me masser l'annulaire jusqu'à réussir à l'ôter. Ma satisfaction et mon compliment furent tels que, à ma demande, elle accepta de nuit avec une exquise douceur de renouveler son exploit sous mes draps. Elle le fit en me racontant le temps fort de sa vie tragique où elle avait assisté, impuissante à l'agression puis à l'assassinat de son frère aîné. Elle m'emmena haut, très haut.

Alors là, je ne te laisserais pas plus longtemps dans ce silence délibéré te décerner des lauriers scandaleux quand, par ailleurs, tu souffres d'un cœur blessé, ensanglanté à revers, d'une lame que tu n'attendais pas de côté-là... De quoi pourras-tu t'amnistier qui ne fasse que renforcer le reflet de ta faute monstrueuse à vouloir te couler avec délices dans le très impossible bain amniotique d'un ventre autonome.

Quelle erreur, cette tentative avortée d'un retour idéalisé à l'état fœtal... Règle d'airain vitale : ne vas pas te griser de faux espoirs, de vaines pensées, en espérant le développement par des cellules-souches d'un liquide amniotique si abondant qu'il en serait capable d'accueillir un peuple entier « refusant de naître ». Non, les œufs sont toujours livrés à eux-mêmes et la parthénogénèse réservée à quelques malheureux pucerons de bourgeons de roses sous la menace des cruelles coccinelles qui se la coulent douce dans ce cloaque critique dont on leur a déroulé le tapis vert...

Ça se discute... On n'est jamais absolument certain de pouvoir « vérifier », mais on peut toujours « falsifier ». La grande majorité des choses est semblablement vraie… Vraisemblablement. Ou fausse… ! Au bout du compte le faux ne résistera pas à une faux : celle du temps ! Ça vaut aussi pour les fourbes comme toi. Je ne vois vraiment pas pourquoi après tous ces rappels à l'ordre que je te fais en pure perte je n'irais pas, une bonne fois pour toutes, me soulager. Ça fait trop longtemps que je te suis, que je te couvre dans tes inventions, tes vantardises romanesques.

Je te préviens que je ferai très simplement éclater la vérité, même si elle n'est pas, pour toi, bonne à dire. Je te surprendrai avec « ta » réalité mise à plat.

Je t'aurais soutenu depuis le début.

❖

La Vraie Vie, etc...

« Quand on a 20 ans de plus qu'une femme,
c'est elle qui vous épouse »

Sacha Guitry

La Vraie Vie, etc...

Nous étions le 3 mai. Je ne me souvenais pas du 2 mai. Avait-il seulement existé ou l'avais-je escamoté ? C'est une expérience que je connaissais : avoir perdu la mémoire d'un jour. Pour peu qu'il fût ordinaire jusqu'au banal on pouvait l'avoir sauté, on pouvait ne plus être sûr de l'avoir vécu. Quelle importance ?... un jour en moins par-ci par-là…

Très tôt, le téléphone sonna. Le vrai, le fixe, celui que je ne donne qu'aux très proches pour la seule et mauvaise raison qu'il vient d'être installé. Je décroche. Allo !... Rien. La sonnerie continue… Ok, c'est l'autre : le portable reconnaissable entre tous… Un peu confus ce matin !

— « Allo, bonjour. » Je le claironnais.

— « Allo, c'est ton neveu », annonce une voix au ton beaucoup plus mélancolique.

— « Ah, comment vas-tu ?... » Je continue haut et clair comme on accueille un invité. Je vais m'assombrir. Pourtant ça commençait si cordialement…

— « Maman est décédée hier. Je voulais vous prévenir. »

Je comprends, dans le silence d'un moteur arrêté, qu'il s'agit de sa mère, « ma sœur ». Et, là, j'ai calé. Je n'arrive plus à redémarrer. Le jeune homme n'est pas offusqué par mon absence. Il poursuit tout aussi calmement :

— « Pour tout le monde c'était fatal… Ça n'est pas une surprise… Elle était si faible… »

Rien ne me pousse à sortir du trou noir ou du « blanc » comme on dit en radio. J'y suis très bien ! D'ailleurs je ne pense pas à ma sœur, mais à ma mère. Cette fois, c'est gagné : elle lui survivra, comme depuis trente ans, elle survit à mon père.

Je me sens totalement incapable de prendre part à la peine de mon interlocuteur. On ne peut pas se réjouir du départ d'une femme, même malheureuse... Les gens trop heureux sont souvent inconvenants... Était-il très lié, lui, à sa mère ? Ah, oui, tiens, comment s'entendait-il avec sa mère ?... Je suis bien indifférent à toutes ces questions. Avec un seul élément de réponse je n'aurais de toutes façons, ni un argument de prolongement de mon histoire personnelle avec ma mère, ni encore moins, avec cette irruption de la réalité dans mon travail de fiction, matière à roman. Faute de personnages fictifs à faire mourir…

Je ne peux tout de même pas répondre à ce jeune homme, en chair et en os, à la voix si belle, si douce, que je n'avais pas mis le départ de ma sœur si tôt dans mon travail. Le manuscrit est terminé ! Pas question de changer la chronologie de l'histoire. Pas question de modifier les dates ou d'introduire un nouveau chapitre.

C'est mon bouquin ! Je suis maître chez moi… Il est terminé ! Fini ! On ferme ! Tout est clos ! Il faut savoir s'arrêter à un moment. Sinon ce n'est plus un roman à thèse mais quelque chose du genre : un journal intime continu ou des Mémoires… pour la postérité. Enfin rien de ce que j'ai voulu. Pour moi je n'ajoute rien ! J'en suis plutôt au stade, dans la relecture, à éliminer. À ce moment on ne rigole pas. Il ne se rend pas compte, ce jeune homme à la voix si douce, de son incongruïté.

Pourquoi venir m'annoncer, alors que de mon côté j'ai fini de régler mes comptes avec ma mère et ma sœur, précisément le décès de sa mère qui est ma sœur. Je peste ! On ne va tout de même pas écrire mon histoire à ma place. La disparition de ma sœur avait été, bien sûr, envisagée mais plus tard, bien après que le roman soit fini… D'ailleurs, ce décès aurait pu ouvrir une réflexion de plus… Ne serait-ce que l'effet produit sur ma mère de la mort réelle de sa fille. Ah, ça, très intéressant ! Allait-elle encaisser, cette fois-là, marquer le coup, faiblir, s'effondrer ?... Beaucoup d'appels compatissants tablaient là-dessus.

Mais c'était mal connaître ma mère. Ne jamais penser que quoique ce soit l'ait tuée, tant qu'on ne l'avait pas vue enterrée…

Et puis, tous ces coups de fil me perturbent. Que viennent faire tous ces cousins, cousines qui s'imposent dans ma campagne tranquille où je me suis immergé dans l'écriture. On m'appelle à toute heure, même le soir, parfois tard pour des paroles aimables dont je n'ai que faire. Tout ça sort du cadre de mon roman. Après la chute inattendue de ce rêve où le héros s'éprend de sa mère et la prend pour une épouse, qu'est-ce que je peux bien recycler de leurs propos, pire, de leurs questions… Où faire paître toutes leurs ouailles funestes ?... Pas dans mon herbe !

Pourquoi est-ce que l'on me demande des nouvelles de ma femme. On est franchement hors sujet. J'ai envie de crier qu'ils me dérangent mais comment leur dire qu'ils se mêlent, à leur insu, de mon roman, que mon roman c'est ma vie de ce moment et, ce moment de ma vie avec tous ces personnages, mère, sœur, c'est mon roman… Impossible pour eux de comprendre. Impossible à expliquer… Impossible à vivre… Je ne vais tout de même pas balayer une réalité au prétexte que ça ne colle pas avec les péripéties de mon héros, auquel, après toutes ces heures d'écriture, je commençais très sérieusement à m'assimiler.

J'avais presque envie de répondre à tous ces gens de la part de mon héros. Et, mon héros avait en tête une réplique toute faite, bien sentie, sans souhaiter aller plus loin :

— « J'ai marché deux fois sur un râteau. Cela ne m'arrivera plus ! J'ai envie de vivre. »

J'aimerais bien m'occuper un peu de moi. Sinon vraiment que ferais-je dans cette histoire banale, sans violence, sans meurtre… Cette histoire qui n'est ni un roman, ni un essai, tout juste une espèce de « hors-thèse », sans sujet, sans logique, sans but même. Quel pourrait être l'attrait d'un pauvre type sans aventure, sans péripéties, sans peinture de milieu, sans agression, sans sexe... Aujourd'hui rien qui vaille d'être publié. La mort, quand elle arrive naturellement comme dans le cas d'une maladie, c'est affreusement banal mais quand il s'agit d'un meurtre c'est beaucoup plus abstrait. Il y a une intrigue, c'est consistant, il y a du monde... on peut en faire quelque chose de bien.

On a toujours tort quand on s'impose d'être seul pour écrire... Le silence de la solitude vitrifie durablement le libre arbitre. Alors qu'on n'a jamais tort lorsqu'on s'exprime en groupe, même quand on perd la raison...

On peut être audacieux dans l'action, soudé aux autres par ce lien qui structure les foules et, alors, exempte chaque individu de penser par lui-même... Pas de souci dans le tranquille et terrifiant unanimisme. On devient fort une fois porté par la confortable complicité d'agir ensemble.

L'exaltation grisante d'avancer du même pas, dans le même sens, permet la mise au secret du réflexe moral individuel. La masse a cette faculté d'incorporer ses propres contempteurs... L'époque n'est pas aux sentiments. Rien ne nous touche vraiment...

Il n'y a plus, dans cette communauté de comportement, ni trace de sensibilité, ni espièglerie qui fassent excuse... Alors, enfin, sans obstacle, sans émoi, sans autre ivresse que le « nombre », n'importe quelle histoire peut aller hardiment et impunément, jusqu'au meurtre ! La foule accède au crime parfait ! Sans ce ressort capital, autant écrire des romans d'amour ou jeter « l'encre » dans tous les ports, en couchant à la plume un bref appel au secours. Vous ne disposez que d'une seule feuille, que d'une seule bouteille... Buvez la bouteille à votre rythme, roulez nerveusement le message, le glissez dans la bouteille une fois vidée, bouchez fermement et laissez partir dans le flux marin, avec un peu d'espoir... Le principe étant que vous faites des choses en pensant à l'avenir car sans l'éventualité d'une suite il n'y a pas de tâche qui vaille d'être faite... Alors, vous verrez, vous allez le faire. Confiez vos mères à la mer. L'une des deux fécondera l'autre. Elles sont du « futur ». C'est leur point de ralliement, à moins que ce ne soit leur point final...

Bon, tu parles des mères avec une facilité déconcertante quand on sait que la tienne a si vite disparu de ta vie... Tu ne t'en vantes pas mais tu l'as si peu connue qu'en matière de Maman tu n'y connais rien en dehors de ce qu'on a bien voulu te raconter. Pas de quoi se perdre en théories. C'est facile quand on écrit. On peut imaginer ce qu'on veut. Mais ta réalité, à toi, est beaucoup plus pauvre...

Ta Maman n'a brillé que par son absence. Toi qui envies les fils uniques, n'oublie jamais que tu en es un et que tu n'as jamais été que ça et rien d'autre et, qui plus est, très précocement ! Quand est-elle partie ou repartie ta Maman ?...

Tu avais six ans, sept tout au plus. L'âge où peu de souvenirs persistent. Un *flash*, une odeur, un pan de tissu qui tourne et disparaît. Sur quoi fonde-t-on une relation si ce n'est sur une impression ou une persistance sensorielle. Mais d'un sentiment il n'est pas question. Alors bien sûr tu sais l'histoire, tu connais les circonstances de son départ, tu as des raisons de lui en vouloir.

Elle n'était pas, elle, la bergère que ton seigneur de père pouvait « enfermer » dans une ferme. Ça ne dura pas. Tu n'as pas idée des conflits de rythme dans un couple quand on n'a plus rien en commun. La flamme vacille et s'éteint. Les corps une fois repus d'eux-mêmes ne se connaissent plus, pire ils arrivent à se craindre ; à se détacher. Ils ne tiennent plus qu'à un fil, sans tendresse. Ils lâchent et se quittent de leur plein gré admettant qu'ensemble c'est devenu trop grave, que séparés ils seront beaucoup mieux. Ils ne font plus l'amour ensemble, pire : ils ne vieilliront pas ensemble....

Sans vainqueur ou vaincu on appelait ça « à l'amiable ». Et toi tu n'avais retenu que ça : tes parents étaient « à l'amiable ». C'est beaucoup plus tard que la réalité de leur divorce s'est imposée à toi dans sa crudité. Ça s'appelait un divorce, une séparation, une rupture, pas « un amiable ».

Ta maman est retournée en Algérie. Elle y avait retrouvé sa famille, ses amis, ses habitudes, ses cours aux Beaux-Arts, sa vie de citadine. Sa vie tout court. En regardant le soleil bien en face sans qu'elle perde la vue ou des années de vie. Balivernes !

Sa vie, elle la gagnait plutôt bien. Avec un petit magasin de décoration et d'objets sélectionnés dont la bourgeoisie d'Oran était folle.

Elle avait retrouvé cette vie citadine, élégante et animée dans ce Nice algérien cosmopolite et bruyant. Sous le soleil n'importe quel bruit devient supportable, n'importe quelle foule devient sympathique. Tu sais, tout est différent de ta Normandie pluvieuse et collet monté. Très sûre, elle, de sa richesse, de ses vaches autour des manoirs, de ses fermes au milieu des pommiers, de son art de vivre, de ses grands écrivains, de son histoire, des ses cathédrales époustouflantes… mais invivable au quotidien pour qui vient des pays chauds et cléments.

Oran cette ville française qu'on surnommait le « Petit Paris », Oran c'était la joie de vivre. Voilà, le résumé est suffisant. Ne compte pas sur moi pour te faire un dépliant touristique. Je réclame le droit d'être approximatif !

Oran c'était la joie de vivre. Ta maman ne t'en aurait pas dit beaucoup plus. Elle vivait joyeuse. Et, en y retournant, elle retrouva sa joie de vivre. Elle y retrouva aussi ses amis des Beaux-Arts, surtout un dont les parents possédaient et exploitaient un des plus anciens établissements de bains de mer à Kristel. L'affaire n'avait pas résisté à la modernité. Plus personne ne réclamait l'aide des roulottes et des maîtres-baigneurs pour se jeter seul dans la lame sans peur des vagues ou autre vagues peurs qu'on cultivait au XIXème. Bref, le garçon était sans le sou, avait fait son droit et s'était retrouvé dans la police. C'est là que ta Maman et lui allaient se retrouver, se redécouvrir. De leurs souvenirs de bains de mer ou de Beaux-Arts lesquels avaient été les plus puissants à les jeter dans une nouvelle passion ?... Je crois personnellement que ça n'était aucun des deux. Plus excitante était la nécessité que ta maman avait de se présenter tous les mois au commissariat pour des raisons juridiques. En effet, à sa disparition de France avait correspondu l'hospitalisation de ton père pour différents traumatismes dont le plus sérieux à un tibia… Elle s'y pliait.

Tu te souviens vaguement de tout ça, de cet épisode, de la raideur à marcher de ton père, de ces jours et de ces mois de longues vacances chez ta tante Mathilda… Mais tu ne sais rien de ce qu'on avait reproché à ta Maman s'agissant de « l'accident » de ton père dont la famille avait tout fait pour qu'il ne porte pas plainte. La notoriété de la famille n'eût pas en pâtir. On broda dans la région, sur la disparition de ta Maman autour d'une obligation religieuse, on parlait de l'inhumation de son père et comme nous étions en 1954, on laissa ensuite l'enchaînement des tragédies du FLN et autres assassinats envahir les esprits curieux. Un silence pudique s'installa. L'honneur était sauf, le tibia une blessure de guerre !

Mais la police ne l'entendait pas de cette oreille. Certains éléments de l'enquête mettaient en cause ta Maman. Ils n'étaient pas très affirmés et, une fois là-bas, ils ne résistèrent pas longtemps à l'absence de zèle de son ami policier-artiste-apollon. Elle se maria avec ce Pierre en 1954. Ils eurent deux filles ravissantes.

Ah, là je crois que tu vas réaliser… Elles s'appelaient Fabienne et Hélène. Leur père et ton père étaient amis. C'est à ce titre que vous les aviez reçues. Ça y est, ça te revient ! Une des deux filles, un peu pimbêche, détestait les tomates… l'autre avait une robe rouge et même du rouge à lèvres… le père avait offert au tien un portrait de sa main représentant un musulman en habit fumant son narguilé. Tu l'as eu longtemps dans ta chambre. Eh, bien ces deux filles étaient tes demi-sœurs. Maintenant tu le sais. Mais tu te troubles ! Hélène, l'aînée des filles, la première dans ta cambrousse, que tu voyais avec du rouge à lèvres à tout juste seize ans t'avais rendu amoureux. Tu la revoies sur la plage de Luc-sur-mer où tu l'avais emmenée dans ta coccinelle. Comme tu avais peu d'imagination, tu avais prétexté une séance photo pour la pousser à entrouvrir sa robe rouge. Tu avais pensé à tout : le fauteuil de plage pour la mise en scène, la couverture-plaid écossaise pour la réchauffer et l'allonger. Tu avais été surpris par la taille de sa poitrine et la fureur de ses baisers, mais tu t'en voulais : ses seins étaient trop gros à ton goût, sa bouche trop épaisse… Tel que tu étais à cette époque, tu devais la trouver, cette jeune fille, trop facile, hardie ? Peut-être préférais-tu, du haut de tes vingt-et-un ans, des femmes plus soumises comme la fille de la boulangère ou celle, plus époustouflante, de l'épicière, toutes conquises avec le coup imparable de la prise de vue coquine ? Tu jouais au directeur artistique avec quelques exclamations flatteuses à chaque vêtement ôté. Vous étiez fous de désir par ce seul artifice de l'appareil-photo agrémenté d'un pare-soleil pour faire « pro », résolument tourné vers le présent !

Toi, le petit péquenaud, tu aimais les filles appétissantes des commerçants de la ville. C'est comme ça la vie, à vingt ans : on ne cherche pas les bons partis mais on va au plus visible… Ton opinion sur les femmes était plus obtuse que celle sur la liberté...

Toi, le paysan, c'est la femme du pharmacien sur laquelle tu avais jeté ton dévolu, en pensant au futur : elle était belle, très agréable et, surtout, elle était coincée dans sa boutique tous les jours pendant que lui, son mari, était à la chasse comme toi d'ailleurs. C'était l'idée du couple idéal que tu te faisais : la liberté dans le mariage n'était pas vraiment faite pour être partagée.

Toi, le petit bouseux, tu ne pensais qu'aux filles de la ville, ta grande occupation, ta grande passion avec celle du nom des fleurs dont tu t'appliquais à apprendre par cœur une liste des moins connues pour faire le poète savant auprès de tes conquêtes souvent naïves, pécores bien plus que toi et finalement assez faciles à conquérir, sans aucun frais .

À l'exception de quelques défloraisons bâclées, tu n'avais jamais ressenti le moindre scrupule, le moindre malaise alors que, avec cette Hélène tu étais mal, tu battais en retraite. Ce que tu n'avais, jusqu'alors, jamais fait.

Autre anecdote, difficile à passer sous silence : parlant à ton père, le père d'Hélène, commissaire de police depuis, avait lâché cette phrase : « Et on les a tous descendus, la place était fermée de toutes parts (...) on avait des ordres. » Plus tard tu compris que c'était les évènements de Sétif et tu t'étais mis à détester cet homme au-delà de l'imaginable. Il était devenu le symbole du haïssable. Tu regrettais d'avoir pu avoir une inclination favorable pour l'OAS pendant l'adolescence.

Par chance ce Monsieur et ses filles ne s'étaient plus jamais présentés chez vous. Ton père ne t'en avait pas reparlé. On ne savait pas ce qu'ils étaient devenus lui et sa famille. Après tout, c'était le dernier de tes soucis.

Aujourd'hui où je t'apprends tout, d'un coup, tu penses à ta Maman. C'était sa femme, c'était la mère d'Hélène, mais surtout c'était ta Maman. Celle que tu avais tellement tenté de faire revivre dans tes rêves. Ta mère, ton cauchemar, trouvait son explication dans un cauchemar plus grand encore : orphelin de mère et sœur incestueuse… Vlan…

Toi qui avais, pendant plus de cinquante ans, cru que les mères sont éphémères, qu'elles mettent des enfants au monde et disparaissent en fumée, tu allais devoir revoir tes petits édifices, tes inventions, tes écrits. Il te restait un roman à détruire comme on brûle un torchon…

En fait de mère tu en avais connu de nombreuses. Ton père avait repris le vieil usage familial de faire de belles alliances pourvu qu'elles soient bien « pourvues », sorte de géométrie fractale amoureuse et principe des « matriochkas ».

Ainsi, d'orphelin de mère tu te vis à la tête en quelques années, de trois belles-mères tout aussi riches qu'attentionnées. Tu ne sais plus ou vaguement si tu les trouvais belles. Elles étaient douces, mais une seule te paraissait pouvoir être qualifiée de belle. C'est celle, absente, qui dansait légère dans ton souvenir tout auréolée d'un vrai sentiment… Les autres n'avaient pas d'élégance. Elles étaient solides, travailleuses, peu bavardes, aux petits soins de ton père comme très dévouées pour toi.

Les deux premières ne restèrent pas longtemps à la ferme. Voyant ton père ne montrer aucune intention de les épouser civilement, et avançant en âge, elles étaient parties vers d'autres destins. L'une d'elles pleurait souvent mais doucement et ne persista pas car elle ne trouvait aucune consolation auprès de ton père.

Ainsi tu fus épargné de l'arrivée d'autres enfants puisque

la troisième, la plus fortunée, s'avérait stérile... Et se consacra totalement à toi. Tu avais trouvé à l'appeler « Mamade ». Ce qui n'était ni maman, ni son prénom Madeleine mais un compromis très personnel que ton père avait entériné au point d'en user aussi. Mamade était formidable. Elle vous adorait toi et ton père. Mamade était tendre, gentille et très appétissante. Mamade était une jolie fille. On peut dire fille car quand tu l'as vue entrer dans votre petit cercle tu n'avais que treize ans, elle en avait dix-neuf, soit vingt ans de moins que ton père !

La première forte impression passée ce n'est plus seulement de l'admiration qu'elle t'inspira mais du désir. C'est tout naturellement qu'elle devint ta maîtresse et, à peine dix ans après son entrée dans ta vie, ta compagne et aussi ta « muse ». Elle avait rapidement découvert tes capacités à dessiner. Elle fut une stimulation fervente et un modèle docile et disponible très tôt, tant pour les croquis anatomiques que pour les séances de photos à caractère artistique et leste. Mamade avait fait ton apprentissage. Elle organisa tes premières expositions. Un jour tu t'aperçus que tu lui devais pratiquement tout de ta vie depuis l'adolescence. Tout sauf évidemment la vie. Pour ça, c'était l'autre, celle de tes pensées, celle qui passait son temps à te visiter sans prévenir, celle qui s'insinuait dans tous les interstices de tes systèmes, affectifs, artistiques, professionnels, celle qui serait là, tellement plus présente à la fin qu'au début, celle qui te poursuivrait toujours : ta Mère éternelle, ta terre jusqu'au ciel. Tu l'aimais à la façon dont un tableau aime son cadre.

Ton père, lui, avait poursuivi, bien avant que vous vous installiez Mamade et toi, avec la veuve et héritière d'un entrepreneur producteur de béton. Cette fois te disait-il c'était par passion… Quel magot ?

Alors, au crédit, de ta mère éphémère et éternelle à la fois ou de ta muse maternante, rien qui puisse te servir pour un héros de roman pathétique. Ta vie était rangée jusqu'à la banalité. Un bon nid, une femme protégée donc des enfants, une carrière d'artiste stimulée chaque jour et couverte de petites réussites. Pas de place pour le doute, la surprise, l'aventure… Aucune raison de se plaindre, alors silence !... Pas question de « mal de mère »… Tu n'en as jamais souffert. Il vaut mieux te taire !

Oui, se taire. Je sais, pas facile quand on est bavard ! En parlant, tu es passé à côté de la seule analyse vraiment pertinente de nos vies de couples dans cette période charnière où nous quittions le poids moral et autoritaire d'un « patriarcat déchu », sans être pour autant entrés dans le « matriarcat triomphant » qui vient…

Et cet espace entre les deux est une incroyable chance et une source de bonheur abondante pour qui les vit… Ah, oui, ça te semble évident quand je te le signale ! Mais tu es bavard comme une pie ! Tiens, j'allais oublier : tu te souviens de ce choc bruyant sur une fenêtre qui t'avait tiré de ta sieste il y plus d'une semaine ? Bien sûr, par habitude, tu étais sorti voir si au pied de la fenêtre, dehors, tu ne trouverais pas un oiseau assommé, vivant ses dernières convulsions… Mais non, rien, aucune présence ! Rassuré, tu étais rentré mais, interloqué car, comment réchapper normalement à un impact aussi frontal sans le moindre évanouissement ?

Tu avais tranquillement repris ta lecture, calé dans un fauteuil, en surveillant le feu d'un œil.

Eh, bien, depuis là, tout de suite, j'ai une explication à te fournir ! Je viens de croiser à environ cinq-six mètres de cette même fenêtre un petit cadavre ébouriffé, pattes en l'air, fragiles et recroquevillées, plumage gris bleuté, mouillé et poitrine ocre orangé légèrement ternie… Tu as deviné, c'était un rouge-gorge… Il n'avait pas survécu. Il est intact ! La nature bienveillante comme les prédateurs en maraude ne l'ont pas offensé. Tu vois, son œil effronté, même mort, inspire toujours le respect !

Si je te faisais confiance je te dirais bien que j'aperçois la voiture de la pharmacienne. Ton amie vient te rendre visite. Elle va frapper à ta porte. Elle devait faire son jardin car elle est en short, bottes et chapeau de paille. Tout ce que tu aimes. Je serais toi, je n'ouvrirais pas…

Elle est blonde comme les blés, tu sais cette graminée qui occupe à elle seule la moitié des terres cultivées… Envahissante mais nourricières me diras-tu ! Mais hélas je refuse de t'écouter. Dans chaque homme on dit qu'il y a un « cochon » qui sommeille… Chez toi il serait plutôt du genre insomniaque chronique.

❖

« Nous vivons dans un monde inconcevable…
mais avec des repères lumineux »

René Char

Table des matières

Achevé d'imprimer
sur les presses d'ICN
64300 Orthez
Cité du Livre

Juin 2012